Knaur.

Über die Autorin:
Emmy Goldacker verlebte eine sorglose Kindheit in Berlin. Aus ihrer unbekümmerten Jugend wurde sie 1938 jäh herausgerissen, als ihr Vater, ein Chemiker, heimlich nach Palästina auswanderte. Er wurde zum Landesflüchtigen erklärt und das gesamte Vermögen der Familie beschlagnahmt.
Nach dem Abitur ließ sich Emmy Goldacker zur Korrespondentin ausbilden, um so zum Familieneinkommen beizutragen. Mit der erzwungenen Verpflichtung, für den Geheimdienst zu arbeiten, beginnt für die Autorin der Leidensweg, über den sie in ihrem Buch erzählt.
Emmy Goldacker ist verheiratet und lebt heute in der Nähe von Lausanne.

Emmy Goldacker

Ich lebe – genügt das nicht?

Ein deutsches Schicksal

Knaur Taschenbuch Verlag

Besuchen Sie uns im Internet:
www.knaur.de

Vollständige Taschenbuchausgabe Mai 2007
Knaur Taschenbuch
Ein Unternehmen der Droemerschen Verlagsanstalt
Th. Knaur Nachf. GmbH & Co. KG, München

Die Originalausgabe erschien unter dem Titel »Der Holzkoffer«
Aus dem Französichen von Emmy Attinger-Goldacker

Umschlaggestaltung: ZERO Werbeagentur, München
Umschlagabbildung: Collage unter Verwendung
von Bildern der Autorin
Satz: Adobe InDesign im Verlag
Druck und Bindung: Clausen & Bosse, Leck
Printed in Germany
ISBN 978-3-426-77949-1

2 4 5 3 1

Meiner Mutter Johanna Goldacker,
meinem Mann Fred
und allen, die wie ich gelitten
und gehofft haben

Vorwort

Das auf den folgenden Seiten Berichtete entspricht der Wahrheit. Es ist heute Geschichte, ein Teil meiner eigenen Geschichte. Ich habe bewußt vermieden, über Ereignisse zu schreiben, die ich nicht selbst gesehen oder erlebt habe. Zu leicht wird ein Geschehen durch Wiederholung oder Überlieferung entstellt wiedergegeben, und dies bereits von der ersten Person, die darüber berichtet, ohne selbst dabeigewesen zu sein.

Ich wurde zwischen zwei Weltkriegen geboren und habe erfahren, was es heißt, unter zwei Diktaturen zu leben. Unter den Nazis erhielt ich eine Kurzausbildung als »Agentin« mit dem Versprechen, mich nach der Ausbildung in Lausanne einzusetzen – ich könne an der Lausanner Universität studieren und gleichzeitig die Funkverbindung mit Berlin aufrechterhalten. Aus dem Einsatz in Lausanne wurde Istanbul, aus dem Universitätsstudium eine zehnjährige Gefangenschaft unter Stalins Diktatur. Eine Hochschule des Lebens ... des Überlebens ...

Die Erfahrungen dieser zehn Jahre lassen sich ganz kurz zusammenfassen:

Immer und überall hatte ich das große Glück, wahre Menschen zu treffen, sei es unter den Nazis oder den Sowjets. Diese menschlichen Begegnungen erfüllen mich noch heute mit großer Dankbarkeit. Außerdem habe ich gelernt, Wichtiges von Unwichtigem zu unterscheiden, und für jedes Stück Brot – sei es selbst feucht und schwarz – dankbar zu sein. Nichts macht reicher als Dankbarkeit.

Emmy Goldacker
Cheseaux-sur-Lausanne, im Oktober 2006

I

Berlin Anfang 1941. Rechts und links neben dem Eingang zu einem großen roten Backsteingebäude halten zwei SS-Männer Wache. Zögernd gehe ich an ihnen vorbei auf den Eingang zu.

»Wie merkwürdig«, denke ich, »ist das hier tatsächlich eine der Ausweichstellen des Auswärtigen Amtes?«

So hieß es aber doch auf der roten Karte, die ich vor einigen Tagen bekommen hatte. Mit dieser roten Karte wurde mir mein neuer Arbeitsplatz zugewiesen, als Absender war das Auswärtige Amt genannt. Was bedeuteten dann aber diese SS-Wachen? Vielleicht wird das Auswärtige Amt jetzt auch von SS-Männern bewacht? Warum eigentlich nicht? Heute ist alles möglich.

Ich hatte Angst und dachte an meinen Vater, der 1938 von seinem Italienurlaub nicht mehr zurückgekommen war. Ich wußte, daß er jetzt in Palästina lebte. Und ich wurde mit dieser roten Karte hierher beordert, dienstverpflichtet ...

Soll ich reingehen? Soll ich weglaufen? Wohin? Ich weiß es nicht und gehe an den SS-Wachen vorbei zur Rezeption, zeige meine rote Karte vor. Der Mann hinter dem Glasfenster nimmt sie mir ab, betrachtet sie prüfend. Dann läßt er mich einen Zettel ausfüllen, telefoniert inzwischen und entläßt mich mit den Worten: »Zweiter Stock. Zimmer 23. Sie werden erwartet.«

Ich gehe langsam, sehr langsam nach oben. Wohin gehe ich? Woher komme ich? Nach Abschluß meiner Schulzeit in der Elisabeth-Schule 1938 hatte ich vor, Philologie zu studieren. So stand es jedenfalls auf meinem Abschlußzeugnis. Jahrelang vorher, noch vor 1933, hatte uns mein Vater, der

Chemiker Dr. Paul Goldacker, verlassen. Er arbeitete in leitender Stellung in einer chemischen Fabrik von internationaler Bedeutung. Kurz nachdem ich mein Abitur bestanden hatte, verließ er Deutschland. Da er den verschiedenen Aufforderungen zurückzukommen von seiten seiner Firma nicht folgte, wurde er fristlos entlassen. Haus und Geld, für meine Brüder und mich zurückgelassen, wurden von der Gestapo beschlagnahmt. Somit war der Traum zu studieren vorbei, ich mußte so schnell wie möglich meinen Lebensunterhalt selbst verdienen, und statt zur Universität zu gehen, fuhr ich jeden Morgen mit der Stadtbahn nach Berlin-Lichtenberg, wo man mich in der Aceta dank des Ansehens, das mein Vater in jenen Kreisen auch noch nach seiner Landesflucht genoß, als Sekretärin eingestellt hatte. Mein Chef war damals Dr. P. Schlack, der Erfinder des Perlons.

Als ich eines Abends aus Lichtenberg nach Britz zurückkam, wo ich zusammen mit meiner Mutter wohnte, fand ich diese rote Karte vor. Ich war 21 Jahre alt … Ich wollte leben … So ging ich zur Berkaer Straße, jenem roten Gebäude und bin nicht davor umgekehrt. Einige Tage zuvor hatte ich meinen ältesten Bruder verloren, »für Groß-Deutschland gefallen«, wie schon mein jüngerer Bruder in der ersten Kriegswoche im September 1939. Ich wollte leben … ich mußte leben, meiner Mutter wegen.

Als ich endlich im zweiten Stock angekommen war, verlangsamte ich meinen Schritt noch mehr. Kein Mensch war auf dem langen Korridor zu sehen. Rechts und links in gleichmäßigem Abstand Türen, über denen links gerade und rechts ungerade Nummern stehen: 19, 21 … und hier ist schon Nummer 23. Ich klopfe an und eine Männerstimme antwortet mir mit dem üblichen »Herein!«. Als erstes bemerke ich beim Eintreten, daß dieser Mann hier keine Uniform trägt.

»Also doch das Auswärtige Amt«, denke ich und atme erleichtert auf.

»Fräulein Goldacker?«

»Ja.«

Plötzlich, beim Ertönen dieses jüdischen Namens, fällt mein Blick auf das Himmler-Porträt, das gegenüber an der Wand hinter dem Mann am Schreibtisch hängt. Mir wird eiskalt. Ich habe das Bild nicht sofort beim Eintreten bemerkt, das Photo dieses Mannes mit dem verkniffenen Mund und dem eisigen Blick hinter den kleinen Brillengläsern.

Ich weiß nicht mehr, wie ich es fertigbrachte, alle mir gestellten Fragen trotz meiner Angst mit einem liebenswürdigen Lächeln zu beantworten. Es waren ganz allgemeine Fragen, die mir der Mann hinter dem Schreibtisch stellte, meine Personalien und Sprachkenntnisse betreffend; letztere waren wohl auch der Anlaß für meine Dienstverpflichtung. Ich hatte einen Teil meiner Schulzeit in England verbracht und später noch Spanisch gelernt. Während dieses Frage-und-Antwort-Spiel noch voll im Gange war, wurde die Tür aufgerissen und der Mann, der hereinstürzte, warf seinen Paß auf den Schreibtisch und schrie: »Das ist ja unmöglich! Bilden Sie sich ein, ich könne mich mit diesem Paß noch irgendwo sehen lassen? Das ist ja reiner Selbstmord!«

Er bemerkte mich wohl jetzt erst und schwieg verlegen. Ich saß auf meinem Platz, unbeweglich und vollkommen unbeteiligt, so als wäre ich solche Szenen durchaus gewohnt. Der Mann hinter dem Schreibtisch versprach ihm, die nötigen Anweisungen zu geben, um die Sache in Ordnung zu bringen. Die Tür schloß sich fast geräuschlos hinter ihm. Schon im Begriff zu gehen, wandte ich mich noch einmal an den Mann hinter dem Schreibtisch: »Brauchen Sie nicht noch weitere Auskünfte über mich?«

Voller Arroganz kam die Antwort: »Wir ziehen unsre Erkundigungen ohne Sie ein, Fräulein Goldacker!«

Am nächsten Morgen begann ich meine neue Arbeit: Ich mußte spanische oder auch englische Zeitungen durchsehen, um etwaige Artikel zu finden, die für das von Walther Schellenberg geleitete Reichssicherheitshauptamt – Amt VI – von Interesse sein könnten. Dann mußten Briefe an spanische Verbindungsleute geschrieben oder deren Berichte ins Deutsche übersetzt werden. Das, was auf meiner roten Karte als »Auswärtiges Amt« bezeichnet worden war, entpuppte sich als die Zentrale der deutschen Spionage-Abwehr. Fast alle der dort beschäftigten Männer gehörten der SS an, ohne natürlich Uniform zu tragen. Und ich war mit meiner Angst meines Vaters wegen mitten unter ihnen. Bald jedoch wurde mir klar, daß zwischen der Spionagezentrale und der Gestapo kein gutes Einvernehmen herrschte und daß man beim Amt VI, wo ich arbeitete, keine Ahnung von der Existenz meines Vaters in Palästina hatte.

So vergingen einige Monate bis zu dem Tag, an dem eine Sonderbestimmung für Frontsoldaten und Dienstverpflichtete – zu letzteren gehörte ich – bekanntgegeben wurde: Die Abiturienten unter uns durften, wenn sie wollten, Studienurlaub einreichen. Das war das Richtige für mich, und ich unternahm sofort alles, was nötig war, um mich von der Arbeit beim RSHA beurlauben zu lassen. Ich hatte inzwischen etwas Geld sparen können, und meine Mutter, die seit der Flucht meines Vaters wieder als Lehrerin tätig war, würde mir sicherlich auch helfen. Welch ein Glück! Mein Studienurlaub wurde bewilligt … Ich sah mich bereits mit meinem Freund Hartmut zusammen an der Berliner Humboldt-Universität studieren. Dieser hatte auch Studienurlaub bekommen und mußte jeden Augenblick von der Ostfront in Berlin eintreffen. Er schrieb mir zu jedem Sonntag einen langen Brief, und ich antwortete ihm am gleichen Tag. Das Leben ist schön und lebenswert! Zwei Tage später kam mein letzter Brief an Hartmut mit dem Vermerk »Gefallen« an mich zurück. Er war 22 Jahre alt wie ich.

Am nächsten Tag wurde ich ins Büro zu Walther Schellenberg gerufen. Er und mein Chef erwarteten mich.

II

»Was halten Sie davon, in die Schweiz zu gehen? Genauer gesagt nach Lausanne? Sie könnten dort studieren und dabei gelegentlich für uns arbeiten …«

Aufenthalt und Studium wollte das RSHA bezahlen, ja, sogar für Taschengeld wollten sie sorgen.

»Sie haben 24 Stunden Zeit, Ihre Entscheidung zu treffen. Daß es sich hierbei um einen streng geheimzuhaltenden Vorschlag handelt, brauche ich Ihnen wohl nicht erst zu sagen.«

24 Stunden in dem kleinen Britzer Häuschen; 24 Stunden, ohne sich einem Menschen anvertrauen zu können; 24 Stunden … ich wünschte, sie würden nie enden und ich brauchte mich nicht zu entscheiden. Was riskiere ich eigentlich, wenn ich den Vorschlag ablehne? Sie können mich natürlich zwingen, ihn anzunehmen. Vielleicht wissen sie schon längst, daß mein Vater in Palästina ist? Was soll ich nur tun? Was erwartet mich, wenn ich den Vorschlag annehme? Da ist diese »Arbeit«, von der sie gesprochen haben und von der man mir natürlich nicht vorher sagt, worin sie besteht. Auf der andern Seite aber lockt das Studium. Ich kann allerdings kaum Französisch, aber das ist unwichtig. Ich kann Deutschland verlassen und in einem neutralen Land leben – weit weg vom Krieg. Wieder einmal abends durch beleuchtete Straßen gehen, Licht aus den Fenstern der Häuser scheinen sehen …

Meine Mutter war nicht mehr in Berlin. Ihre Schulklasse war wegen der Bombenangriffe auf Berlin in die Slowakei evakuiert worden. Warum und für wen eigentlich sollte ich in Berlin bleiben?

»Ich nehme Ihren Vorschlag an«, war meine Antwort nach Ablauf der 24 Stunden.

Unverzüglich wurde ich nach Wannsee zur Funkzentrale des RSHA überwiesen. Ich lernte Morsen und die Handhabung eines kleinen Senders. Man gab mir einen Photoapparat, eine Leica, und unterwies mich im Photographieren und Entwickeln von Dokumenten. Ich nahm an einer psychologischen Schulung teil und wurde, nachdem ich alle diese Sachen fast spielend begriffen hatte, in die Nähe von Oranienburg in ein Spionageausbildungszentrum geschickt. Von dort aus wurden Funkverbindungen zu Ländern unter deutscher Besatzung unterhalten, besonders zu Frankreich, wo sich in Paris ein wohl ähnliches Ausbildungszentrum befand.

Die Zeit schien hier stillzustehen. Täglich erwartete ich meine Abberufung nach Lausanne. Von Tag zu Tag litt ich stärker unter der undurchsichtigen, dunklen Atmosphäre dieses Ausbildungszentrums. Ich durfte mit niemandem sprechen … nur gesehen habe ich sie, die anderen, die dort ausgebildet wurden, wenn ich morgens durch den Garten zu meinem Arbeitsplatz, der Schulfunkzentrale, ging. Endlich war es soweit: ich wurde nach Wannsee gerufen. Dort empfing mich ein SS-Offizier mit den Worten:

»Sie fahren übermorgen nach Istanbul!«

»Istanbul?«, mir blieb das Wort fast in der Kehle stecken. Langsam drehte ich mich zu der links hinter mir an der Wand hängenden Landkarte um. Diese Schufte! Sie hatten mir Lausanne versprochen. Wenn ich den Vorschlag angenommen hatte, so doch nur deswegen, weil ich in Lausanne studieren wollte. Was zum Teufel sollte ich denn in Istanbul, dieser Stadt zwischen Europa und Asien, in der es sicherlich nur so von Wanzen wimmelte. In meinem Kopf drehte sich alles, während ich auf der Karte Istanbul suchte.

»Sie weigern sich?« wurde mein Schweigen interpretiert.

Der Ton dieser Frage duldete keinen Widerspruch. Ich

zuckte nur die Achseln. Was blieb mir schon anderes übrig? Ich befand mich ja doch vollkommen in ihrer Hand.

Ich fuhr durch die Slowakei und verabschiedete mich dort von meiner Mutter, die als Lehrerin mit der Kinderlandverschickung in der Nähe von Preßburg Unterkunft gefunden hatte. Als sich der Zug vom Preßburger Bahnhof langsam in Richtung Budapest in Bewegung setzte, stand sie, immer kleiner werdend, auf dem Bahnsteig und winkte mir noch lange, lange. Sie hat beim Abschied nicht geweint und wußte dabei genausogut wie ich, daß ich, das letzte ihrer Kinder, keine Vergnügungsreise unternahm. Sie war so tapfer, und ich dankte ihr dafür.

Nach einem fast 24stündigen Aufenthalt in Sofia ging es endlich mit dem Nachtzug weiter nach Istanbul, das sich am nächsten Morgen mit all seinen Minaretts wie in goldenes Licht getaucht vor uns ausbreitete. Der Bahnhof unterschied sich nicht von anderen großen Bahnhöfen. Ich wurde von einer hochgewachsenen blonden Frau abgeholt. Auf der Fahrt zum Hotel sagte sie mir, daß ich erst um 4 Uhr nachmittags im Generalkonsulat zu sein brauchte. Herrlich! Ich konnte es kaum erwarten, daß meine Begleiterin mich allein ließ, um so schnell wie möglich die Luft dieser freien Stadt in vollen Zügen einzuatmen. Ich konnte einfach nicht widerstehen und kaufte mir sofort ein Paar Sandaletten, Ledersandaletten … Welch längst vergessener Luxus, seitdem die Holzsohlenschuhe den deutschen Schuhmarkt beherrschten! Und dann die Früchte in allen Auslagen: Himbeeren und Erdbeeren, fast so groß wie kleine Äpfel, und so viele verschiedene Gemüsesorten, wie ich sie noch nie in meinem Leben gesehen hatte. Und die Blumen, diese Farbenpracht! Ich wußte nicht, daß es noch so viel Schönes gab. In Deutschland war Krieg … nichts als Krieg … bereits das dritte Jahr … Je länger ich durch diese

Märchenstadt schlenderte, desto mehr verblaßten Britz und die Bombennächte, Angst und Tod schienen weit hinter mir zu liegen. Lausanne? Ja, warum hatte ich eigentlich bedauert, nicht dorthin geschickt worden zu sein? Die Sonne, diese Stadt hier … nein, schöner konnte Lausanne auch nicht sein.

Pünktlich um 4 Uhr ging ich zum Konsulat, wo ich als Sekretärin arbeiten sollte. Ich habe dort tatsächlich Briefe geschrieben, doch habe ich mich auch mit Agenten treffen müssen. Dann war da noch dieser in einem Büroschrank versteckte Sender, auf dem verschlüsselte Nachrichten nach Deutschland übermittelt wurden. Die Agenten traf man meistens in irgendeinem Café. Eines Tages sollte ich einen Griechen treffen. Ich kam etwas früher als verabredet und setzte mich an einen Tisch im Park-Hotel, gleich neben dem Konsulat. Der Mann, den ich treffen sollte, schien mich bereits zu kennen und kam, ohne zu zögern, auf mich zu. Bei der Begrüßung ließ er einen Ring mit einem ungewöhnlich großen Diamanten in meine Hand gleiten.

Instinktiv begriff ich, daß er mich verpflichten wollte, ihm meinerseits auch Nachrichten zu übermitteln. Nur das nicht! Freundlich lächelnd faltete ich die Zeitung, in der ich gelesen hatte, zusammen, schob den Ring unauffällig dazwischen und gab ihm so sein Geschenk zurück. Er war offensichtlich sehr verärgert.

»Ich mache allen Konsulatsangestellten, mit denen ich zu tun habe, irgendwelche Geschenke«, sagte er verärgert, »Sie sind die erste, die es nicht annimmt.«

»Irgendein kleines Geschenk hätte ich wahrscheinlich auch angenommen, nicht aber eines von solchem Wert!«

Er übergab mir die Nachrichten, die ich von ihm abholen sollte, drehte sich um und ging, sichtlich verstimmt.

Ich mußte sofort meinem Chef von diesem Vorfall berichten! »Der Grieche«, meinte er, »aber nein, Fräulein Goldacker, wir haben seit Monaten mit ihm zu tun, und er hat uns nicht den geringsten Anlaß gegeben, an seiner Aufrichtigkeit uns gegenüber zu zweifeln. Außerdem ist er mit einer Deutschen verheiratet … Ihre voreilige Warnung ist vollkommen überflüssig!«

Wieder dieser unangenehme, arrogante Ton, den ich so hasse!

Einige Tage später gab der Grieche eine kleine Gesellschaft, zu der ich auch geladen war. Es waren sehr viele mir unbekannte Gäste dort. Zum ersten Mal in meinem Leben habe ich hier Ziegenkäse und schwarze Oliven gegessen und Raki dazu getrunken … Welch ein Genuß! Nach einer Weile zog mich der Grieche in ein Nebenzimmer, öffnete die Schublade einer Kommode: bis zum Rand mit Goldbarren gefüllt.

»Bitte, nehmen Sie!«

»Ich wüßte nicht, was ich damit anfangen sollte«, erwiderte ich und ließ ihn allein mit seinen Schätzen.

Diesmal unterließ ich es natürlich, im Konsulat auch nur ein Wort davon zu erwähnen. Ich hatte genug von einer überheblichen Antwort. Es dauerte gar nicht lange, nur ein paar Tage, da hatten sie im Konsulat die unangenehme Überraschung, ihren so vertrauenswürdigen Griechen bei den Amerikanern zu sehen. Selbstverständlich hatte er dort alles, was er über die deutsche Spionage-Abwehr in Istanbul wußte, weitergegeben, Nachrichten, die ihm bestimmt weitere Goldbarren eingebracht haben …

Eines Morgens, als ich aus meiner Pension, in der ich inzwischen wohnte – das Hotel war auf die Dauer zu teuer und der Weg von dort zum Konsulat zu weit –, gutgelaunt in die strahlende Morgensonne trat, traf ich mit einem Mann zusammen, den ich schon mehrmals im Konsulat gesehen hatte.

Er schien den gleichen Weg zu haben wie ich, und wir gingen lachend und redend zusammen weiter. Was für ein herrlicher Morgen! Als ich schließlich vor meiner Bürotür stand, ertappte ich mich dabei, daß ich lächelnd vor mich hinpfiff. Als ich abends wieder in meiner Pension ankam, fand ich einen Brief vor, unterschrieben vom rumänischen Militärattaché. Er wollte mich wiedersehen.

Ich war glücklich: Ich wollte ihn auch wiedersehen. Aber da kam diese Angst wieder: mein Vater in Palästina, ich hier dienstverpflichtet bei der deutschen Spionage-Abwehr, die von der SS geleitet wird, meine Mutter mit ihrer Schulklasse in einem von Deutschen besetzten Gebiet: die geringste Unvorsichtigkeit meinerseits kann für mich und meine Mutter die schlimmsten Folgen haben. Und doch wollte ich diesen Militärattaché so gerne wiedersehen!

Am nächsten Morgen erzählte ich meinem Chef von diesem Brief. »Serge Ulescu? Einer unserer besten Agenten. Er hat Verwandte in bedeutenden politischen Kreisen der Türkei. Als rumänischer Offizier ist er der Meinung, für die deutsche militärische Abwehr (deren oberster Chef seinerzeit noch Canaris war) zu arbeiten, und hat keine Ahnung davon, daß er uns, dem RSHA, seine Dienste zur Verfügung gestellt hat. Wir dürfen ihn keinesfalls verlieren, und ich rate Ihnen daher, ihm vorsichtig zu verstehen zu geben, daß Sie, hm, sagen wir verlobt sind und hier keinerlei Verbindungen eingehen wollen. Ich mache Sie jedoch darauf aufmerksam, daß sich das RSHA den Verlust seines besten Agenten nicht leisten kann. Also bitte, Vorsicht!«

Ich wollte vorsichtig sein und dachte, es sei das beste, Serge U. wenigstens einmal zu treffen, nur ein einziges Mal, gerade lange genug, um ihm persönlich und sehr freundlich zu sagen – man sagt so etwas freundlicher, als daß man es schreibt, dachte ich –, ja, was eigentlich zu sagen? Sicher, mein Chef hatte recht: Ich werde ihm sagen, daß ich verlobt sei und keine Verbindungen hier in Istanbul eingehen wolle. Er muß und wird das verstehen, ganz sicher, diese Erklärung kann ihn nicht verletzen.

An dem Abend, als wir uns treffen wollten, hatte ich unendliche Mühe beim Dechiffrieren einer Nachricht aus Wannsee (Funksprüche wurden der besseren Übermittlung wegen meist abends oder nachts durchgegeben). Ich kam schließlich mit über einer Stunde Verspätung zu unserer Verabredung, der einzigen, wie ich glaubte, und Serge wartete immer noch auf mich. Er empfing mich so strahlend, trotz des langen Wartens, er schien so glücklich zu sein, daß ich es einfach nicht über mich brachte, ihm meinen kleinen, so gut vorbereiteten Satz zu sagen. »Später«, dachte ich, »am Ende des Abends … oder vielleicht ein anderes Mal …«

Ich habe ihm diesen Satz nie gesagt.

Wir sahen uns immer öfter. Ich liebte ihn, obwohl – oder gerade weil er mein Vater hätte sein können. Wir trafen alle möglichen Vorsichtsmaßregeln, um zu vermeiden, daß man uns zusammen sieht. Agent Nummer 7075 brachte nach wie vor dem Konsul D. wichtige Nachrichten. Konsul D. hatte keine Ahnung, daß ich seinen guten Rat nicht befolgt hatte … bis zu jenem Tage, an dem sich die türkische Polizei einschaltete.

Schon seit langem vermutete man dort, daß Serge U. für die Deutschen arbeitete. Es fehlte ihnen jedoch jeder stichhaltige Beweis und somit auch die Möglichkeit, ihn des Landes zu verweisen oder ihn gar zu verhaften. Serge war selbstverständlich im Besitz eines Diplomatenpasses, ich natürlich nicht. Es wäre daher ein leichtes gewesen, mich seinetwegen unter Druck zu setzen. An einem jener besonders schönen Sommermorgen stürzte Konsul D. kreidebleich vor Wut in mein Büro. »Das mußte ja so kommen, da haben wir die Schweinerei! Wenn ich daran denke, wie ich Ihnen fast väterlich geraten habe, diese Verbindung nicht einzugehen ... Aber nein, Fräulein Goldacker weiß immer alles besser und tut nur das, was sie für richtig hält. Und jetzt haben wir die Bescherung!«

Er fuchtelte wild mit einem Blatt Papier herum, das ich für eine Photokopie hielt.

»Wissen Sie, was ich hier habe?« schrie er mich an.

Wie sollte ich das wissen!

»Das hier ist Ihr Haftbefehl! Die türkische Polizei wartet schon auf Sie!«

Er war offensichtlich so wütend, daß er mich am liebsten erwürgt hätte ... So ruhig wie nur möglich sagte ich:

»Was soll ich Ihnen hierzu sagen? Die türkische Polizei kann mich ruhig verhaften! Ich weiß absolut nichts über Serge U.'s Tätigkeit. Sie, Herr D., hatten mit ihm zu tun, nicht ich. Ich liebe ihn, das ist alles.«

»Sie haben ihm natürlich gesagt, für wen er in Wirklichkeit arbeitet, nicht wahr?«

»Nein, wir hatten uns Wichtigeres zu sagen.«

»Schweigen Sie endlich«, schrie er mich an.

Deutschland befand sich zu jener Zeit in einer so prekären Lage – der große Rückzug nach der Niederlage bei Stalingrad hatte begonnen –, daß eine deutsche Auslandsvertretung es sich einfach nicht leisten konnte, eine Konsulatsangestellte in einem bis dahin noch neutralen Land verhaften zu lassen.

»Sie bleiben hier in diesem Raum – ohne zu telefonieren. Dies ist jetzt ein Befehl, kein gutgemeinter Rat. Gegen 16 Uhr fährt der Zug nach Sofia, und zwar mit Ihnen, selbstverständlich in Begleitung, damit wir hier sicher sein können, daß Sie auch tatsächlich in Sofia ankommen. Verstanden?«

Und ob ich verstanden hatte! Gegen Mittag, als alle anderen Konsulatsangestellten zum Essen gegangen waren und ich ganz allein im Büro saß, habe ich den Telefonhörer abgenommen. Als ich anfing, die Nummer von Serge zu wählen, knackte es verdächtig in der Leitung … und ich legte den Hörer wieder auf.

Später dann, als mir mein Paß für die Ausreise gegeben wurde, sah ich sofort, daß er nicht auf meinen Namen ausgestellt war, und ich mußte unwillkürlich an meinen Anfang beim RSHA denken: »Mit diesem Paß kann ich nicht mehr reisen, das ist der reinste Selbstmord.«

Jetzt war ich an der Reihe …

Wir kamen ohne jeden Zwischenfall zum Bahnhof – kein Wunder in einem mit einem großen »CD« versehenen Wagen –, wir, d.h. mein »Bewacher« und ich. Wie zufällig ging der deutsche Botschafter von Papen, eben aus Ankara gekommen, vor dem Bahnhofsgebäude auf und ab. Ob es wirklich Zufall war oder ob es sich hier um eine Vorsichtsmaßregel gehandelt hat, um im Falle meiner Verhaftung sofort eingreifen zu können … ich weiß es bis heute nicht.

Als ich in Edirne, der türkisch-bulgarischen Grenzstation, meinen Paß vorzeigen mußte, nahm ich gleichzeitig eine Zigarette aus meiner Handtasche.

»Haben Sie bitte Feuer?«

Selbstverständlich hatte der Zollbeamte Feuer … und keinen Blick auf meinen ohnehin falschen Paß. Nachdem die Paßformalitäten vorüber waren und wir uns endlich auf bulgarischem Gebiet befanden, atmete mein Begleiter sichtlich erleichtert auf. Später in Sofia gestand er mir, daß er meine Ruhe bewundert hätte … er selbst habe vor Angst gezittert.

Es folgten zwei lange Wochen des Wartens in Sofia. Das RSHA ließ sich Zeit, ehe es mich betreffende Anweisungen gab … Zwei nicht enden wollende Wochen, während deren ich gehofft und gewartet hatte, daß mich S. U. hier herausholte. Abend für Abend ging ich zum Bahnhof und wartete auf den Zug aus Istanbul …

Endlich rief man mich zurück nach Berlin, und dort begannen dann die Gestapo-Verhöre. Sie vermuteten, daß ich S. U. verraten hätte, für wen er tatsächlich arbeitete. Ich wiederholte immer das gleiche, was ich auch schon Konsul D. in Istanbul gesagt hatte: In unseren Gesprächen war weder von Canaris, geschweige denn von Kaltenbrunner oder Schellenberg die Rede. Wir hatten uns anderes zu sagen. Während eines Verhörs wurde mir befohlen, Briefe oder sonstige Nachrichten, die ich aus der Türkei erhalten würde, sofort der mich verhörenden Gestapo-Stelle vorzulegen.

Von jenem Tage an habe ich mich in unserem Britzer Häuschen allabendlich verbarrikadiert: Ich wußte, daß sie oft nachts kamen, und stellte mehrere Stühle übereinander hinter die Eingangstür: das Gepolter der umfallenden Stühle hätte mich geweckt, wenn sie mich nachts abholten … Es vergingen drei Wochen: tagsüber Verhöre, nachts quälende Angst … Als ich eines Tages von einem dieser Verhöre zurück nach Britz kam, war ein langes Telegramm von S. im Briefkasten … Serge! Serge, wenn du wüßtest! Er teilte mir mit, daß er nichts von dem, was ihm über mich erzählt wurde, glaubte. Was, zum Teufel, hatten sie denn über mich erzählt? Weiter sagte er, daß er sich auf unser baldiges Wiedersehen freue.

Ist es möglich? Er spricht von Wiedersehen. Immer wieder las ich das Telegramm … bis ich es auswendig konnte. Was hatte man S. über mich erzählt? War die ganze Sache nur eine

Falle, um festzustellen, ob ich das Telegramm auch tatsächlich der Gestapo bringe?

Ich war allein und hatte Zeit nachzudenken. Nein, das Telegramm gebe ich nicht her: Niemand konnte mir beweisen, daß ich ein Telegramm erhalten hatte, ich hatte nirgends unterschrieben, also hatte ich auch nichts erhalten. Immer wieder sagte ich laut vor mich hin:

»Ich habe nirgends unterschrieben, also habe ich auch nichts erhalten.« Da schrillt das Telefon: die Gestapo. Ich mußte immer daheim zu erreichen sein, den Weg von zu Hause zur Gestapo und zurück ausgenommen. Natürlich wissen sie längst von dem Telegramm … Doch am andern Ende der Leitung ist meine österreichische Freundin, es ist nicht die Gestapo, ich soll zum RSHA kommen. Sofort! »Was Schlimmes?« frage ich kurz.

»Nein, nein, im Gegenteil. Komm nur schnell her!«

Erleichtert las ich das Telegramm, dessen Inhalt ich doch schon auswendig konnte, noch einmal durch, ehe ich es verbrannte. »Ein Telegramm? Nein, ich habe kein Telegramm bekommen …«

Im RSHA wurde ich überaus freundlich empfangen, so daß ich sofort ein Gefühl der Überlegenheit hatte. Das viel zu freundliche Lächeln und die Stimme des Mannes mir gegenüber ließen mich sofort erraten, daß man mich um eine Gefälligkeit bitten wollte.

»Könnten Sie bitte einige Zeilen an 7075 schreiben, damit er weiß, daß es Ihnen gutgeht? Sagen Sie ihm aber bitte gleichzeitig, daß Sie Ihren Verlobten wiedergetroffen hätten und er sich keinen falschen Hoffnungen hinzugeben brauche.«

»Was die freundlichen Zeilen meine Gesundheit betreffend

anbelangt, so will ich das gern schreiben, alles andere aber … nein!«

»Gut, gut. Die Hauptsache ist, Sie schreiben ihm freundlich; allzu freundlich natürlich auch nicht. 7075 muß sicher sein, daß es Ihnen gutgeht, daß Sie leben …«

Das also war es! Ich schrieb einen kurzen, vollkommen unbedeutenden Brief. Ganz zum Schluß, unten links, schrieb ich »Norok«, das einzige rumänische Wort, das ich kannte. Wir hatten es oft zueinander gesagt. Es bedeutet Glück.

»Was soll das hier unten heißen, dieses ›Norok‹«, fragte der SS-Offizier schon wieder weniger freundlich, als er meinen Brief durchlas. »Nichts Besonderes. Wir würden hier ›Zum Wohle‹ sagen.«

Er akzeptierte meinen Brief, den er sofort weiterleitete. Als ich sein Büro verließ, kam ich an einer halboffenen Tür vorbei. Meine österreichische Freundin zog mich rein und flüsterte mir zu: »7075 weigert sich, noch länger für uns zu arbeiten, wenn er nicht bis morgen abend einen von dir handgeschriebenen Brief erhält. Man hat ihm unmögliche Dinge von dir erzählt, die er anfangs noch geglaubt hat, doch dann wurden die Lügen so plump, daß er merkte, daß dies alles nur Verleumdung war. Seitdem fürchtet er um deine Freiheit, um dein Leben und überbringt keine Nachrichten mehr. Das haben sie nun davon …«

Ich sah Serge im darauffolgenden Dezember in Wien wieder. Er kam über Sofia, das damals von den Deutschen besetzt war, und hatte dort einem der Männer vom RSHA ein Paket übergeben. Als Gegenleistung erhielt er einen deutschen Paß auf den Namen »Ludwig Specht«, was ihm ermöglichte, zu mir nach Wien zu kommen, ohne daß sein rumänischer Paß irgendwelche Stempel oder Eintragungen erhielt. Wie dumm, ihm den Namen »Ludwig Specht« zu geben: seine Taschentücher und Hemden waren alle groß und deutlich mit seinem Monogramm »S.U.« gezeichnet!

Wir haben uns im Stephansdom verlobt. Vorm Marienaltar steckte er mir einen Platinring auf den linken Ringfinger. Er hatte seinen vollen Namen und ein Datum eingravieren lassen: 10. 7. 1942. Später gab er mir zwei französische Goldstücke. »Vielleicht kannst du sie eines Tages noch gut gebrauchen. Aber sei vorsichtig, laß sie keinen Menschen sehen, damit du nicht wieder meinetwegen in Schwierigkeiten gerätst, falls du erklären mußt, woher du sie hast.«

Wieder war sie da, diese Angst, und mein Lächeln erstarrte. Die Zukunft lag vor mir wie ein langer, dunkler Tunnel, dessen Ende nicht abzusehen war.

»Komm, Serge, wir wollen eine Tasse Tee trinken, ja?«

Wir tranken Sekt aus Teetassen, in einem Hotel in Wien. Es war im vierten Kriegsjahr. Selbstverständlich bekamen wir vom RSHA keine Heiratserlaubnis. Serge mußte ohne mich wieder zurück nach Istanbul … Er mußte weiter für das RSHA arbeiten, wenn er wollte, daß man mich in Berlin unbehelligt läßt.

III

Mit jedem Tag wurden die Bombenangriffe auf Berlin entsetzlicher. Wenn ich zum RSHA gerufen wurde, konnte ich die falsche Freundlichkeit, mit der man mich behandelte, fast nicht mehr ertragen. Ich hatte die Gestapo-Verhöre nicht vergessen und auch nicht die Angst, die mich drei Wochen lang nachts im Britzer Häuschen gequält hatte: Ob sie heute nacht kommen und mich abholen?

»Wollen Sie für uns am japanischen Generalkonsulat in Wien arbeiten?«

»In Wien? Warum nicht! Was soll ich denn dort?«

»Der japanische Generalkonsul sucht eine Sekretärin, die für ihn die englischen Nachrichten hören und übersetzen soll. Uns mißfällt die Einstellung des Konsuls, und wir möchten gern mehr über ihn und seinen Umgang wissen. Ich brauche Ihnen wohl nicht zu sagen, daß Sie selbstverständlich nicht von uns dorthin geschickt worden sind. Erzählen Sie ihm, was Sie wollen!«

Ich fuhr also wieder nach Wien: eine alleinstehende Studentin, die bei einem Bombenangriff alles verloren hatte; keine Papiere, keine Zeugnisse mehr; gerade den Mantel und das Leben. Der Herr Konsul hat meine kleine Geschichte geglaubt und engagierte mich ohne jede Schwierigkeit. Ich habe keinen einzigen Bericht über ihn nach Berlin geschickt. Englische Nachrichten hörte ich, wenn ich Lust dazu hatte; wenn mir nicht danach zumute war, schrieb ich einfach auf ein großes weißes Blatt: »Deutsche Störungen, vollkommen unverständlich.« Meine österreichischen Freundinnen waren inzwischen auch zurück nach Wien gekommen. Ich konnte bei ihnen wohnen und brauchte so nicht von dem Angebot des kleinen japanischen Konsuls Gebrauch zu machen, die elegante Wohnung neben meinem Büro im Konsulat zu beziehen. Nur der Flügel dort hatte es mir angetan: er befand sich im Zimmer neben meinem Büro und mußte manches Mal meine schlechten Chopin- oder Mozart-Interpretationen über sich ergehen lassen. Über die Berliner Zentrale bekam ich regelmäßig Briefe von S., manchmal sogar Pakete. Wir hofften immer noch, uns wiederzusehen. Im großen und ganzen war die Arbeit im japanischen Generalkonsulat recht angenehm. Wien im Frühling war bezaubernd wie seit jeher, trotz des fünften Jahres des Zweiten Weltkrieges. Der Krieg ging weiter ... aber ich hatte niemand in Deutschland mehr zu verlieren. Niemand. Sie sind alle tot: meine Brüder, meine Vettern, meine Freunde ... sie sind alle »für Groß-Deutschland gefallen« ...

Ich liebe Serge. Ich liebe das Leben ... Serge ...

Am 29. April wurde die japanische Kolonie von Wien zu einem großen Fest ins Konsulat gebeten: Es war der Geburtstag des Kaisers. Welche Ehre, auch ich war unter den Gästen! Am Vorabend weihte mich ein japanischer Konsulatsangestellter in die Geheimnisse dieses Festes ein, damit ich mich auch vorschriftsmäßig vor den riesigen Ölgemälden des Tenno und seiner Gemahlin verbeugen und wieder zurückziehen lernte: den Blick unverwandt auf die beiden Bilder gerichtet. Die beiden Bilder hingen im kleinen Salon an der Wand gegenüber der Eingangstür.

In der großen Eingangshalle des Konsulats stand ich inmitten all der Japaner und wartete, bis ich mich als letzte mit vor der Brust verschränkten Armen vor den Majestäten in Öl verbeugen durfte. Ich weiß nicht mehr, wie es mir gelang, mich im Rückwärtsgang der Gruppe der Japaner, die bereits ihrem Kaiser und Gott die Ehre erwiesen hatte, anzuschließen, ohne zu lachen: den Blick, wie am Vorabend gelernt, starr auf die Ölgemälde des Herrscherpaares gerichtet. Da standen wir nun in einer Ecke des Salons und warteten auf die Festrede des Herrn Generalkonsuls …

Er kam … klein und rund, um seinen prall sitzenden Frack zur Feier des Tages eine breite bunte Schärpe geschlungen. Er sah so komisch aus, daß ich nicht wagte, ihn anzusehen, während er sprach. Ich verstand kein Wort Japanisch und diese mir fremde Sprache, gesprochen von dem kleinen, runden beschärpten Mann, erschien mir so merkwürdig, daß ich mich abwandte, um mein Lachen zu verbergen, doch wen sehe ich da, mir gegenüber im Spiegel? Mich selbst, krampfhaft und vergeblich versuchend, den der feierlichen Stunde entsprechenden Ernst zu bewahren. Der Diener rettete mich aus meiner Albernheit, als er mit einem Tablett voller Sektgläser eintrat und wir alle auf das Wohl des japanischen Kaisers anstießen.

Bevor ich zu diesem Fest ging, meinte eine meiner österreichischen Freundinnen lachend:

»Bring uns etwas mit, sicherlich gibt es was Gutes dort im Konsulat!« (Es war das fünfte Kriegsjahr, wir hatten nicht mehr viel zu essen.) »Ist doch selbstverständlich, daß ich euch was mitbringe!«

Ich hielt Wort und ließ in meine große, beutelähnliche Eidechsenhandtasche Kleingebäck, zuckerglasierten Entenbraten, Zigaretten, große cremegefüllte Tortenstücke, kleine belegte Brote in völligem Durcheinander verschwinden. Das war ganz einfach: Ich brauchte nur langsam und unauffällig an den vielen reichgedeckten großen und kleinen Tischen vorbeizuschlendern.

Ein junger Konsulatsangestellter, Otto Hahn, interessierte sich fast ebenso wie der Konsul selbst für die von mir übersetzten englischen Nachrichten. Als Sohn eines Juden und einer Japanerin war er glücklich, eine Art Zuflucht im japanischen Konsulat gefunden zu haben. Man beschäftigte ihn dort mit untergeordneten Büroarbeiten, wie z.B. dem Ablegen von Briefen und Schriftstücken. So hatte er immer die Möglichkeit, meine Übersetzungen zu lesen, bevor er sie ablegte ... Das RSHA in Berlin schien mich vergessen zu haben; sie hatten dort jetzt sicherlich ganz andere Sorgen, und das Privatleben des Herrn Konsul Y interessierte sie nicht mehr.

Die Amerikaner fingen an, Wien zu bombardieren. Der japanische Konsul hatte entsetzliche Angst vor diesen Luftangriffen. Dabei war das gar nichts im Vergleich zu den Angriffen, die ich vorher in Berlin erlebt hatte. Es handelte sich bei diesen ersten Einflügen zum großen Teil nur um Aufklärungsflüge, aber sobald die Alarmsirene ertönte, stülpte er sich einen Stahlhelm auf, klemmte die Whisky-Flasche unter den Arm, und so trafen wir ihn als ersten im Fahrstuhl, der uns in den Keller brachte ... Wenn er glaubte, genügend Zeit zu haben, ließ er sich schnell von seinem Chauffeur ins Hotel Imperial fahren: Der Keller dort war tiefer und sicherer als der Konsulatskeller ...!

Nach einigen Monaten erinnerte man sich plötzlich in Berlin an mich und befahl mich nach Zossen in der Nähe von Berlin, wohin ein Teil der Leitung des RSHA evakuiert worden war.

»Serge U. besteht darauf, daß Sie nach Istanbul kommen. Im Hinblick auf die von ihm bisher geleisteten Dienste und um ihn uns weiterhin zu verpflichten, sehen wir uns gezwungen, seiner Bitte zu entsprechen und Sie nach Istanbul zu schicken.

Sollten jedoch die diplomatischen Beziehungen zwischen Deutschland und der Türkei abgebrochen werden«, fuhr der

SS-Offizier fort, »haben Sie sich sofort zum deutschen Generalkonsulat zu begeben, um dort Ihre Rückführung nach Deutschland abzuwarten. Verstanden?«

»Ja … natürlich.«

Ich sollte mit der nächsten Kuriermaschine von Wien nach Istanbul fliegen. Die Freude hierüber konnte ich nicht verbergen. Der SS-Offizier sagte weiter:

»Wenn ich recht informiert bin, haben Sie noch Brüder, nicht wahr, Fräulein Goldacker? Dies nur für den Fall, daß Sie es vorziehen, in der Türkei zu bleiben …«

»Meine Brüder, meine Vettern, sie sind alle tot … für Groß-Deutschland gefallen.«

Ich konnte nicht anders: Haß und Verachtung waren meiner Stimme anzumerken.

»Und Ihre Frau Mutter …?«

»Ich verstehe … Ich komme zurück …«

Wieder in Wien, hatte ich noch genau drei Tage Zeit, um die nötigen Vorbereitungen für meinen Abflug nach Istanbul zu treffen. Da war zuerst der japanische Konsul, bei dem ich sofort aufhören mußte zu arbeiten. Wie mache ich das am besten? Was soll ich ihm für einen Grund angeben? Mir kommt eine geniale Idee: Oft hatte mich der Konsul schon gebeten, auch noch abends oder nachts englische Nachrichten zu hören … bei ihm in der Wohnung, nicht etwa im Büro … Ich war jung, und manchmal sagte man mir, daß ich ganz hübsch sei. Warum sollte ich das nicht einmal ausnutzen? Ich kann ihn provozieren und … sowie er sich gehen läßt, bin ich beleidigt und laufe weg.

Es war gar nicht schwierig: Wir saßen beide im großen Eßzimmer und alles spielte sich meinem Plan gemäß ab: rennend und laut schreiend verließ ich das Konsulat.

Noch zwei Tage und ich fliege nach Istanbul; nur noch zwei

Tage. Morgen muß mein Paß aus Berlin kommen; übermorgen fliege ich mit der Kuriermaschine nach Istanbul. Meine Mutter kam aus Polen, wohin sie inzwischen mit der Kinderlandverschickung gefahren war, und wohnte wie ich bei meinen österreichischen Freundinnen. Sie war gekommen, um mir ein zweites Mal auf Wiedersehen zu sagen ... dieses Mal wohl für immer ... Sie verbarg so tapfer ihre Traurigkeit ... und ich schämte mich, so voller Freude zu sein. Am nächsten Morgen kam überraschender Besuch: der Herr Konsul persönlich, um sich bei mir in aller Form für sein Verhalten vom Vorabend zu entschuldigen, um mich zu bitten, doch wieder meine Arbeit im Konsulat aufzunehmen. Ich habe alles entschuldigt, doch zum Konsulat kehrte ich nicht mehr zurück. Am Abend hätte mein Paß aus Berlin dasein sollen, doch er kam nicht. Ich hatte zwar einen Paß, doch da er auf meinen Namen ausgestellt war, konnte ich damit nicht in die Türkei einreisen, wahrscheinlich stand ich noch auf der türkischen Fahndungsliste. Am nächsten Tag flog die Kuriermaschine ohne mich nach Istanbul.

»Ich fliege eben nächsten Dienstag«, sagte ich enttäuscht zu meinen Freundinnen.

Eine Woche nach der anderen verging: mein Paß kam nicht, und die Kuriermaschine Wien–Istanbul flog Dienstag für Dienstag ohne mich. Nach einigen Wochen bekam ich Nachricht aus Berlin: ich solle mich gedulden. Die Verzögerung meiner Ausreise sei auf die augenblicklich herrschende Spannung der deutsch-türkischen Beziehungen zurückzuführen.

»Lüge, nichts als Lüge«, dachte ich, doch kurze Zeit später wurden tatsächlich die diplomatischen Beziehungen zwischen der Türkei und Deutschland abgebrochen, wie es die Zentrale mit Recht vermutet hatte. Man ließ mich in Ruhe und kümmerte sich nicht mehr um mich. Ich begriff, daß ich nie mehr nach Istanbul fahren würde. Serge – wie sollte es anders sein – lieferte natürlich weiterhin dem RSHA wichtige Nachrichten. Er tat es selbst noch, nachdem die Deutschen Istanbul verlassen hatten. Es kam vor, daß seine Nachrichten nichts anderes als Grüße für mich enthielten. Kurz vor Kriegsende, im Februar 1945, erhielt ich seinen letzten von der Funkzentrale in Berlin-Wannsee empfangenen Gruß …

Mitten im Krieg, im September 1944, bummelte ich sorglos und fröhlich durch Wien und Prag. Meine Mutter war jetzt in der Nähe von Prag, immer noch mit der Kinderlandverschickung. Nach meiner »Flucht« konnte ich unmöglich wieder zum japanischen Konsulat zurück. Geld zum Leben? Das war kein Problem: Berlin überwies laufend mein Gehalt nach Wien, ohne sich sonst meiner zu erinnern … Wohin könnte ich wohl mal wieder fahren? Zu meiner Mutter nach Prag? Nein, eigentlich hatte ich gar keine Lust dazu. Vielleicht zu meiner Schwägerin, die zu jener Zeit mit ihren beiden kleinen Kindern im Böhmerwald lebte? Ich beschloß, dorthin zu fahren, und war gerade im Begriff, zum Wiener Westbahnhof zu gehen, um mich nach der Fahrverbindung zu erkundigen, als es klingelte. »Sicherlich der Nachbar, der seine Zeitungen abholen will«, dachte ich und öffnete die Wohnungstür.

»Wohnt hier noch immer Fräulein Goldacker?« fragte der Mann.

»Das bin ich. Was wollen Sie von mir?«

Er drehte sein linkes Kragenrevers um … und ich sah die Gestapo-Plakette.

»Gestapo! Folgen Sie mir. Sie sind verhaftet!«

»Gestatten Sie mir bitte, daß ich mich umziehe?« fragte ich und zeigte auf mein leichtes graues Seidenkleid.

Er erlaubte es. Einmal in meinem Zimmer, schrieb ich in aller Eile ein paar erklärende, beruhigende Worte an meine

Freundinnen und ließ ihnen meine Lebensmittelkarte … sie brauchten sie nötiger als ich dort, wo man mich jetzt hinbrachte …

Ich zog trotz des warmen Sommerwetters ein Kostüm und einen dicken Pullover an – Gestapo-Keller sind sicherlich kalt –, stopfte etwas Unterwäsche und meine Zahnbürste in meine Handtasche … und sprang nicht vom Balkon runter, wie ich es im Traum einige Nächte zuvor – ich hatte meine Verhaftung vorausgeträumt – getan hatte. »Erst mal abwarten«, sagte ich mir. Ich mußte weiterleben, für meine Mutter, für mich, für Serge. Draußen im Eingang wartete der Mann auf mich. Wir gingen gemeinsam die vier Stockwerke runter auf die Straße und dann die Liniengasse entlang, nebeneinanderher, ohne zu reden, wie ein verzanktes Liebespaar.

Während wir schweigend Richtung Margarethengürtel gingen, überlegte ich fieberhaft, welches wohl der Grund meiner Verhaftung sei: Serge? Will er nicht mehr für uns arbeiten? Mein Vater? Einmal kommt es ja doch raus, daß er in Palästina ist! Wer sonst? Vielleicht jemand, der Zeuge eines Gesprächs geworden war, in dem ich von den englischen Nachrichten, die ich gehört hatte, sprach? Da war doch neulich jener Fremde im Hause meines Vetters in der Kaasgrabengasse 69 … Mein Vetter und seine Frau wußten sehr wohl, wo ich arbeitete, ihnen hatte ich schon oft von dem, was ich hörte, erzählt, von der Seite hatte ich nichts zu fürchten … aber jener Fremde, dessen Namen ich nicht mal mehr wußte …

»Kennen Sie Otto Hahn?«

Diese Frage setzte allen meinen Überlegungen ein Ende.

»Natürlich kenne ich ihn.«

»Wissen Sie auch, daß er Ihretwegen bereits seit einem Monat im Konzentrationslager ist?«

»Meinetwegen?«

Mir tat der junge Mann unendlich leid, aber gleichzeitig atmete ich erleichtert auf. Das also war es! Ich tänzelte die letzten Schritte bis zur Stadtbahn nur so. Als wir dort ankamen, ging mein Begleiter schnurstracks durch die Sperre, zeigte im Vorbeigehen sein Abonnement und ließ mich einfach stehen, ohne sich um meine Fahrkarte zu kümmern. Sie verhaften mich und erwarten noch von mir, daß ich meine Fahrkarte selbst bezahle! Unten angekommen, drehte sich der Mann nach mir um. »Was ist? Kommen Sie endlich oder soll ich Sie holen?«

»Wollen Sie mir nicht bitte meine Fahrkarte kaufen?« fragte ich sehr freundlich.

Er kam wieder rauf und kaufte sie mir ... aber gar nicht freundlich. In der Stadtbahn schwiegen wir beide. Am Schwedenplatz stiegen wir aus und begaben uns zu dem großen Gestapo-Gebäude ... Da war sie wieder, diese Angst. Am Eingang sollte ich einen Besucherzettel ausfüllen, wie damals in der Berkaer Straße. Zwischen Unterwäsche, Zahnbürste und sonstigen Dingen suchte ich in meiner Handtasche meinen Ausweis, der nicht nur in Wien, sondern auch in Berlin Gültigkeit hatte. Mein Begleiter starrte mich sprachlos an und stotterte schließlich:

»Warum haben Sie mir nicht gleich gesagt, wer Sie zum japanischen Konsulat geschickt hat?«

»Haben Sie mich danach gefragt? Es war absolut nicht meine Sache, Ihnen unaufgefordert irgendwelche Erklärungen zu geben.«

»Wissen Sie, daß wir bereits versucht haben, Sie in Berlin oder Prag zu finden? Wir suchen Sie schon lange, bis mir heute die großartige Idee kam, Sie könnten ganz einfach noch in Wien sein ... Dabei waren Sie vom RSHA aus am japanischen Generalkonsulat ...«

Ich mußte trotz dieser Erklärung die vier Stockwerke mit ihm raufgehen. Dort befanden sich einige Büroräume und viele Gefängniszellen. Als wir oben ankamen, gingen wir durch eine Gittertür, die sich hinter uns automatisch schloß. Ich warf einen Blick zum Fenster hinaus … draußen scheint die Sommersonne … Sehe ich sie zum letzten Mal? Im Büro des Vernehmungsoffiziers klärte sich alles auf: Otto Hahn hatte im japanischen Konsulat die Aufgabe, Schriftstücke abzulegen und zu ordnen. So sah er täglich die Übersetzung der englischen Nachrichten, die er nur so verschlang. Er hatte darüber gesprochen, das war nicht meine Schuld … Hätte ich ihm doch helfen können! Wieder zu Hause bei meinen Freundinnen in der Liniengasse, habe ich den ganzen Abend gezittert wie Espenlaub.

Der Krieg ging immer weiter. Schließlich fuhr ich nach Berlin zurück, obwohl mir meine Freundinnen dringend davon abrieten, aber ich wollte nach Hause! In Berlin herrschten chaotische Zustände: Angestellte des RSHA und anderer Ämter verbrannten Listen und Akten; es wurde nicht mehr gearbeitet, nur noch vernichtet. Jeder versuchte von seinem persönlichen Besitz zu retten, was zu retten war. In jeder Nacht heulten drei- bis viermal die Sirenen: Fliegeralarm. Ich hatte es satt, immer in den Bunker zu gehen. »Wenn ich schon sterben soll, kann ich es auch im Bett«, sagte ich mir und zog beim nächsten Fliegeralarm die Bettdecke über den Kopf. »So stirbt es sich bequemer«, fand ich … Das Deckbett hat heute noch die Spuren meines Heldentums: unzählige Glassplitter von zersprungenen Fensterscheiben haben es zerschlitzt! Am nächsten Morgen habe ich Pappkarton vor die Fenster genagelt und bin wieder im Bett geblieben.

Eines Tages war der Krieg doch zu Ende. Berlin brannte, und die Sonne konnte die dicken Rauchschwaden, die über der ganzen Stadt lagerten, nicht durchdringen. Die plötzliche Stille war unheimlich und angsterregend. Kein Bombenhagel mehr, keine russischen Panzer, die durch die Straßen und auch oft quer durch unser Gärtchen kreuzten. Unser Britzer Häuschen war fast vollkommen bombenzerstört. Kurz vor Kriegsende kam auch meine Mutter wieder nach Berlin. Als die Sonne endlich diese apokalyptische Szene beschien, tauchte der Mann zum ersten Mal bei uns auf. Er war ehemaliger KZ-Häftling, hatte nur einen Arm und arbeitete nach seiner Befreiung für die Sowjets.

»Ich soll hier Haussuchung vornehmen«, sagte er, fast verlegen.

»Bitte. Wenn Sie hier irgendwas mich Belastendes finden, haben Sie Glück. Ich habe nie etwas Derartiges zu Hause gehabt, dazu war ich zu unwichtig … Außerdem, glauben Sie nicht auch, daß ich inzwischen Zeit genug gehabt hätte, um alles zu verbrennen?«

»Sie mögen recht haben«, sagte er und ging.

Einige Tage später kam er jedoch wieder.

»Diesmal soll ich Sie verhaften!«

Ich fühlte, wie ich blaß wurde, und er sah erst mich, dann meine Mutter an und bemerkte die mit einem kleinen Trauerflor versehenen Photographien meiner Brüder. Er sah nochmal auf meine unbeweglich dasitzende Mutter.

»Vielleicht waren Sie gar nicht zu Hause, nicht wahr, das ist doch durchaus möglich?«

Und wieder ging er lautlos.

Ich hatte von einer Freundin Veronal bekommen. Berlin war anfangs nur von den Russen besetzt, die Alliierten hatten an der Elbe haltgemacht. Ich wußte nicht, wie und wohin ich fliehen sollte. Allein wäre ich schon durchgekommen, ich war jung, was aber sollte dann aus meiner alten Mutter werden? Ich brachte zwei Gläser und Wasser ins Eßzimmer, legte für jeden von uns Veronal daneben, um unserem Leben damit ein Ende zu machen. Wir sahen uns an.

»Siehst du, Mutti, Wolfgang und Guntram sind uns schon vorausgegangen … du brauchst keine Angst zu haben …«

»Hört auf, ihr dürft das nicht tun!« schrie Ingrid, die große Tochter unserer Nachbarin, die durch den Kellerdurchbruch zu uns in die Wohnung gelangt war, um uns ein paar belegte Brote zu bringen: eine Kostbarkeit damals!

Heute weiß ich, daß sie recht hatte. Wir mußten erst abwarten! Unser Bezirk würde schon bald unter amerikanischer Verwaltung stehen, und dann wird sicher alles anders aussehen.

Fast schämte ich mich meiner Feigheit. Langsam fing das Leben an, wieder seinen normalen Gang zu nehmen. Eine der ersten Institutionen, die unmittelbar nach Kriegsende wieder ins Leben gerufen wurden, war die Schule. Überall wurde Lehrpersonal gesucht. Alle Lehrer, die in der Partei waren, wurden entlassen – und sie waren fast alle in der Partei! Meine Mutter, die natürlich nie in der Partei war, konnte sofort wieder unterrichten. Man richtete Schnellkurse für Abiturienten und Abiturientinnen ein, die ebenfalls nicht in der Partei waren, um sie so schnell wie möglich zu Lehrern und Lehrerinnen auszubilden und auf diese Weise den Lehrermangel zu beheben. Ich bestand die Aufnahmeprüfung für einen solchen Kursus und befand mich in der Ausbildung. Es gehörte zum Ausbildungsprogramm, an Unterrichtsstunden, die von qualifizierten Lehrern gegeben wurden, teilzunehmen. Ich hospitierte in der Schule meiner Mutter. Eines Morgens klopfte es an der Klassentür:

»Ist Fräulein Goldacker hier?«

»Ja, das bin ich.«

»Bitte, kommen Sie mit!«

Es war ein Mann wie der damals in Wien, der mich aufforderte, mit zur Gestapo zu kommen. Nur diesmal kam er von der NKWD. Ich hatte wieder das graue Seidenkleid an. Ich war vollkommen davon überzeugt, daß es sich nur um einen Irrtum handeln könne, abends werde ich sicherlich wieder zu Hause sein … Der Mann, ein Landsmann von mir, brachte mich zu den Sowjets und war nicht im geringsten verlegen, in meiner Gegenwart, als Bezahlung gewissermaßen, eine Stange Zigaretten und eine Flasche Wodka entgegenzunehmen. Die Sowjets, zu denen ich gebracht wurde, waren in einer bombenbeschädigten Schule untergebracht. Ich wurde in den noch leidlich heilen Keller gesperrt, und abends, bei anbrechender Dunkelheit, brachten mich zwei russische Soldaten durch die Ruinen Berlins zu Fuß nach Treptow. Unterwegs ließ ich meinen Paß unbemerkt in einen Gully fallen.

Nach etwa zwei Stunden Marsch machten wir vor einer Villa halt. Sie war nicht bombengeschädigt und daher natürlich von den Sowjets beschlagnahmt. Welch merkwürdige Koinzidenz: Hier hatte ich vor Jahren als Kind mit den Kindern des Hauseigentümers gespielt und erkannte alles wieder: den kiesbestreuten Hof, den langen Korridor und später das spiegelblanke Parkett in den vielen Zimmern.

»Setzen Sie sich dorthin!« sagte einer der beiden Männer zu mir und zeigte auf eine Bank.

Ich setzte mich neben einen alten Mann, der in sich zusammengesunken dort wartete. Sein Blick fiel auf meine Armbanduhr, und er murmelte zwischen den Zähnen:

»Verstecken Sie Ihre Uhr so wie alles andere, was irgendwie Wert für Sie hat. Sie werden dort« – und er zeigte mit dem

Kopf auf die gegenüberliegende Tür – »gleich vollkommen durchsucht, und man nimmt Ihnen auch das letzte!«

Ich bedankte mich mit einem Lächeln. Obwohl es Sommer war, hatte ich meine Schaftstiefel – es regnete morgens – und meinen leichten grauen Sommermantel angezogen. Da fiel mir ein altes Sprichwort ein: »Links bringt Glück!«, und schon ließ ich die Uhr in den linken Schaftstiefel gleiten. Ich trug meinen Verlobungsring und ließ ihn ebenfalls im linken Schaftstiefel verschwinden; dann noch schnell die beiden Goldstücke: Serge hatte sie mir damals in Wien gegeben; dann meine Puderdose mit dem Veronal … für alle Fälle … Dies alles folgte der Armbanduhr und den übrigen Schätzen in den linken Schaftstiefel. Schon wurde die gegenüberliegende Tür geöffnet, und man rief mich auf. Einer der drei in dem Zimmer anwesenden Männer riß mir sofort meine Handtasche weg und wühlte darin herum. Der andere nahm meinen Mantel.

»Setzen Sie sich!« bedeutete mir der dritte.

Ich ließ mich auf den einzigen Stuhl im Zimmer fallen.

»Schuhe aus!« fuhr er mich an.

Langsam und gemächlich zog ich meinen rechten Stiefel aus. Der Soldat griff danach, stülpte ihn um und suchte vergeblich am Boden nach irgendwelchen Dingen, die aus dem Stiefel herausgefallen sein könnten. Dann gab er mir den Stiefel zurück. Ich zog ihn lachend wieder an. Dann fragte er mich nach dem andern Stiefel … und ich versuchte es einfach: Ich gab ihm noch einmal denselben. Er hat es nicht bemerkt. Dann brachte man mich in den Kohlenkeller, wo schon zwei Gestalten auf leeren Säcken hockten: ein junger, von epileptischen Anfällen gequälter Mann und eine junge, sehr schöne Frau. Sie war Schauspielerin und rezitierte mit ihrer wohlklingenden Stimme lange Tiraden aus Lessings »Minna von

Barnhelm«. Ich hatte früher einmal die Rolle der Kammerzofe gelernt und so konnte ich ihr antworten.

Unsere Mahlzeiten – wir bekamen sie einen Tag um den anderen – bestanden aus einer Schüssel lauwarmen Wassers mit einigen darin herumschwimmenden Kohlblättern. Ab und zu wurden wir zu Verhören in die oberen Etagen dieses Hauses geführt und mußten immer einen großen Raum durchqueren, wo ständig – so schien es mir – ein kaltes Buffet bereitstand, an welchem sich unsere Wächter in unserem Beisein gütlich taten und uns ungeniert laut schmatzend weiter durch das Haus führten. Eines Nachts, ich war gerade auf meinem Kohlensack eingeschlafen, kam man mich holen. Noch halb schlafend saß ich plötzlich mitten in einem Zimmer, geblendet von zwei auf mich gerichteten Scheinwerfern. Mir gegenüber, auf der anderen Seite des Raumes, konnte ich undeutlich die Schatten von drei oder vier Männern erkennen. Sie fingen sofort an, mich mit ihren Fragen zu bombardieren:

»Wer war Ihr Vorgesetzter?«

»Wie heißen die anderen Agenten? Wer ist an dem Zwischenfall in Sofia schuld? Wo waren Sie im Juli 1942? Wie heißt der Agent, der das falsche Spionagenetz in Sofia aufgebaut hat? Antworten Sie, und Sie werden freigelassen!«

»Ich kenne niemanden. Nur Nummern. Das sollten Sie doch besser wissen als ich: Agenten kennen sich niemals untereinander ... Ich sagte dies alles sehr sanft, ohne die geringste Angst, ohne zu wissen, daß ich meinen Verlobungsring trug, den ich sonst immer bei Verhören in den Mund nahm – ich hatte unten im Keller ausprobiert, daß ich sehr gut mit dem Ring im Mund sprechen konnte: ich brauchte ihn nur zwischen Weisheitszahn und Wange zu klemmen. Dieser Ring enthielt die Antwort auf sehr viele der mir gestellten Fragen: Da war der volle Name von Serge, der inzwischen von Russen und Amerikanern gesucht wurde, sowie ein für viele Fragen aufschlußreiches Datum ... Plötzlich spürte ich den starren Blick eines Offiziers: Er fixierte meine auf den Knien liegenden Hände.

»Mein Ring!« ist alles, was ich denken kann. Jetzt ist alles verloren, und alle meine kleinen Lügen waren vollkommen umsonst. Denn es war S., der im Dezember 1943 den Sender nach Sofia gebracht hatte, wo er eigentlich für die Amerikaner ein Spionagenetz aufbauen sollte ... angeblich arbeitete er ja für die Amerikaner. Aber er überreichte Sender und Code der Alliierten einem Mann vom RSHA. Die Zeit, die er für den Aufbau eines Spionagenetzes in Sofia gebraucht hätte, verbrachte er als Ludwig Specht mit mir zusammen in Wien. Sein rumänischer Paß trug keinerlei diesbezügliche Eintragungen. »Alles umsonst«, dachte ich und ließ den Ring in meine Hand gleiten, bereit, ihn dem auf mich zukommenden Offizier zu geben. Ich war wie gelähmt vor Angst und hörte ganz von weitem, wie durch einen dichten Nebel, die Stimme des Offiziers:

»Schämen Sie sich nicht, hier mit kohlrabenschwarzen Fingernägeln vor uns zu sitzen?«

Urplötzlich von dieser peinigenden Angst befreit, schrie ich wütend zurück:

»Ich mich schämen? Das wäre ja noch schöner! Da sitze ich seit zwei Wochen in einem Kohlenkeller, und Sie meinen, ich müßte saubere Fingernägel haben. Ich bekomme nicht einmal Trinkwasser, nur diese elende Wassersuppe alle zwei Tage ...«

Es folgte eine Totenstille, dann ging das Verhör vollkommen ruhig weiter. Eines Nachts brachte man mich in ein Zimmer, in dem sich ein sehr langer Tisch befand: An einem Ende saß der Untersuchungsrichter, ich mußte am anderen Ende sitzen, zwischen uns, etwa in der Mitte der Längsseite des Tisches, der Dolmetscher. Dicht vor dem Offizier lag ein in einen Schal gewickeltes Bündel … mein Schal, ich habe ihn bei meiner Verhaftung getragen, und aus dem Bündel heraus lugte eine Ecke meiner Brieftasche … Die Photographien von Serge!

Eine war in Bukarest aufgenommen, die andere in Istanbul und eine dritte in Wien, vor der Karlskirche. Jede dieser Photographien trug auf der Rückseite einen Stempel, der Ort und Datum der Aufnahme angab. Rechts neben dem Bündel lag die Pistole des Offiziers, links daneben ein Gummiknüppel. Das Verhör verlief wie üblich: Immer wieder wurde ich nach Namen von Mitarbeitern und Agenten gefragt. »Ich kenne keine Namen! Nummern können Sie von mir haben, so viele Sie wollen!«

Das Verhör zog sich in die Länge, der Dolmetscher ging raus. Er kämpfte sichtlich mit dem Einschlafen. Dem Offizier ging es nicht viel besser: Er nickte während der Abwesenheit des Dolmetschers ein. Ich war die einzige, die hellwach und voller Angst auf das Öffnen des Bündels mit den Photographien wartete.

Ich mußte etwas tun und sagte mir:

»Alles, was du jetzt tust, mußt du ganz langsam tun, nur keine hastigen, plötzlichen Bewegungen …«, so hatte man es mir doch beigebracht. Ich erhob mich langsam und schlich lautlos und behutsam an dem endlos langen Tisch entlang, bis ich das Bündel erreichen konnte: Ich habe es aufgeknotet, mit einem Griff meine Brieftasche in die Hand genommen und die Bilder von Serge in meinem linken Schaftstiefel gleiten lassen. Dann schlich ich genauso langsam und lautlos wieder zurück, den Blick immer auf den schlafenden Offizier und das vor ihm liegende Bündel gerichtet. Ich saß noch nicht wieder richtig, als die Tür aufging und der Offizier, durch das Geräusch geweckt, aufschreckte. Als sich der Dolmetscher wieder setzte, bat ich darum, auf die Toilette zu gehen, was man mir erlaubte. Dort warf ich einen letzten Blick auf Serge … dann wurden die Fetzen der Bilder vom Wasser weggespült. Als ich wieder zurückkam, hatte der Offizier das Bündel geöffnet.

»Wer ist das?« fragte mich der Offizier und deutete auf ein Bild meiner Mutter.

»Meine Mutter.«

»Und das hier?«

»Einer meiner Brüder.«

Meine ganze Familie lebte plötzlich vor mir auf, dort auf dem Tisch, zwischen Gummiknüppel und Revolver. Als ich wieder im Kohlenkeller war, hatte ich den Eindruck, daß ich bald entlassen werde. Was haben sie mir denn eigentlich vorzuwerfen?

Etwa drei Wochen später kamen morgens zwei Wärter:

»Nehmen Sie Ihre Sachen, Sie kommen nach Hause!«

Ich glaubte ihnen. Warum auch nicht? Strahlend verabschiedete ich mich von meinen Mitgefangenen und ging zwischen den Wärtern die Kellertreppe hinauf. Draußen stand ein Lastwagen mit bewaffneten Soldaten und Gefangenen.

»Aufsteigen«, sagte einer meiner Wärter und grinste höhnisch. So ging es nicht nach Hause, das war klar.

Der Lastwagen schien quer durch Berlin zu fahren. Als wir endlich hielten und ich aussteigen mußte, standen wir vor dem Frauenjugendgefängnis in Berlin-Lichtenberg. Wie oft waren wir, eine lustige Gesellschaft von Kollegen und Kolleginnen, von der Aceta kommend, hier vorbeigegangen zum Schwimmen in das gegenüberliegende Hallenbad. Ich erkannte es sofort. Als das Tor sich hinter mir schloß, begriff ich instinktiv, daß es von hier kein Zurück mehr gab.

Allein in meiner Zelle, habe ich geschrien wie ein wildes Tier und dabei immer mit dem Kopf gegen die eisenbeschlagene Tür gestoßen. Die Verhöre wurden wieder aufgenommen. Immer und immer wieder wollten sie Namen von mir wissen. Ich habe keinen Namen genannt … bis zu dem Tage, an dem sie mich aus der kleinen Besenkammer wieder herausholten, in die sie mich »zum Nachdenken« drei Tage und drei Nächte eingesperrt hatten und die so klein und eng war, daß ich mich nicht setzen konnte, ich hatte gerade genügend Luft, um nicht zu ersticken.

»Namen wollen wir haben, Namen! Wer war mit Ihnen zusammen in Berlin? Mit wem hatten Sie in Istanbul zu tun? Können Sie sich endlich daran erinnern?«

Und ob ich mich erinnern konnte: Mir war in der Besenkammer eine gute Idee gekommen, jetzt konnten sie Namen von mir haben, so viele sie wollten. Und auch die passenden Personalbeschreibungen konnte ich ihnen geben. Alle Namen, die sie von mir erhielten, waren Namen von Toten … so habe ich niemanden verraten und auch mich selbst geschützt. Denn, da ich die Leute ja mal gekannt hatte, konnte ich immer wieder zu jedem Namen die passende Personalbeschreibung geben, was sonst, hätte ich mir Namen und Personalbeschreibung ausgedacht, bei den nächtlichen Verhören unweigerlich zu Komplikationen geführt hätte.

Als eines Tages meine Verzweiflung noch größer war als gewöhnlich, ging die Zellentür auf, und zwei Männer standen vor mir, einer in Zivil, der andere in Uniform. Es gab Essen. Einer der Männer riß aus einem großen, schwarzen Buch eine Seite raus, der andere klatschte eine Handvoll stinkender Fische auf diese Seite und gab sie mir. Dann erhielt ich noch eine Schüssel mit einer hellbraunen Flüssigkeit. Es war wohl Kaffee. Als sich die Tür wieder schloß, stand ich immer noch da, das Blatt mit den stinkenden Fischen in der Hand: Ich sah nichts anderes als die so wohlbekannten Paul-Gerhardt-Worte: »Hoff, oh Du arme Seele, hoff und sei unverzagt …« Oft hatten wir dieses Lied in der Kirche gesungen; im Konfirmandenunterricht hatten wir es auswendig lernen müssen, doch nie hatte es mir etwas bedeutet. Aber jetzt hier in meiner tiefsten Verzweiflung klammerte ich mich an diese Worte, und sie trugen mich, zehn Jahre lang. Mit der kaffeeähnlichen Flüssigkeit wusch ich die Seite ab, so gut ich konnte; die Fische waren sowieso ungenießbar und verschwanden sofort im Eimer. Ganz rechts am Fenster war ein kleiner, quadratischer Hängeschrank, auf den nachmittags trotz des Bleches vorm Fenster ein paar Sonnenstrahlen fielen. Obwohl das Fenster mit Blech vernagelt worden war: dort oben konnte ich mein Paul-Gerhardt-Lied trocknen. Dann wurde es sorgfältig und sehr klein zusammengefaltet und verschwand im Saum meines Kleides. Es war schon August, als ich eines Tages von einem Aufseher in eine Nebenzelle geführt wurde. Auf dem Fußboden lag eine vollkommen zusammengekrümmte Frau, die Hände zu Fäusten verkrampft, ihre Fingernägel drückten sich in die Handflächen, die Handgelenke waren ganz weiß, die Lippen durchsichtig. Ich beugte mich über sie und fragte:

»Kann ich etwas für Sie tun?«

Langsam öffnete sie ihre großen dunklen Augen. Zwei Tränen liefen über ihre Wange. Es verging eine Weile, ehe sie sprechen konnte:

»Bitte versuchen Sie, meine Hände zu öffnen.«

»Haben Sie das oft?« fragte ich sie und versuchte dabei, ihre verkrampften Hände zu öffnen.

»Ja, ziemlich oft. Es sind Tetanuskrämpfe.«

Als der Anfall vorüber war, gab mir der Aufseher mit dem Kopf ein Zeichen, die Zelle wieder zu verlassen.

»Man muß etwas für diese Frau tun. Sie kann unmöglich allein in einer Zelle bleiben«, bat ich ihn.

Er schnauzte mich unwillig an und führte mich zurück in meine Zelle. Wieder allein, versuchte ich zu beten. Für mich selbst konnte ich es nicht, aber für diese Frau mußte ich es tun. Am Abend des gleichen Tages war großer Umzug innerhalb des Gefängnisses: Ich kam in die Zelle der kranken Frau und erfuhr, wer sie war: R. N., eine der letzten Sekretärinnen von Canaris. Später ließ ich ihr meine Armbanduhr zurück, da ich davon überzeugt war, daß sie eher nach Hause entlassen würde als ich, was sich als richtig erwies.

»Wenn Sie eher nach Hause kommen als ich, bringen Sie bitte die Uhr meiner Mutter, und sagen Sie ihr, daß ich bestimmt eines Tages zurückkomme ... und wenn ich zu Fuß von Moskau nach Deutschland gehen muß ...«

Fünf Jahre später brachte sie meiner Mutter die Uhr.

Die Gefängnistage schlichen nur so dahin. Eine der seltenen angenehmen Unterbrechungen war das gelegentliche Korridorfegen.

Wenn ich an der Reihe war, fing ich immer laut an zu singen: Statt des Liedertextes sang ich meinen Namen und meine Adresse und bestellte einen Gruß für meine Mutter ... immer hoffend, daß ein anderer Gefangener eher befreit würde und meine Mutter vielleicht auf diese Weise Nachricht von mir erhielte.

Manchmal wurde ich auch runter ins Erdgeschoß des vierstöckigen Gefängnisses gebracht. Dort hatte ein bevorzugter Gefangener, von Beruf Schneider, seine Werkstatt und nähte unentwegt Extra-Uniformen oder Zivilkleidung für die russischen Offiziere. Jeden Tag mußten zwei oder drei Frauen runter zu ihm, um Knöpfe anzunähen oder auch Knopflöcher zu machen. Bei dieser Arbeit unten traf ich eine der Hitler-

Sekretärinnen. Sie sah entsetzlich aus, über und über voller Furunkel. Nach einigen Wochen sah ich sie nicht mehr: Es hieß, sie sei nach Nürnberg gekommen, wo sie kurz nach dem großen Prozeß freigelassen wurde … Welche Ironie des Schicksals …

Das ehemalige Frauenjugendgefängnis war jetzt ein allgemeines Gefängnis, es waren mehr Männer als Frauen dort. Oft schrien die Männer unter den Schlägen der Soldaten, die sich auf diese Art etwas Abwechslung in ihrem Aufseherdasein zu verschaffen suchten. Eines Morgens, als ich wieder mal zum Korridorfegen dran war, schloß einer plötzlich vor mir eine Zelle auf und stieß mich fast rein, ein anderer stand neben mir und sah mich belustigt an: Vor mir am Boden lagen drei Männer, vollkommen nackt und über und über mit Striemen und Blut bedeckt. Entsetzt wich ich zurück. Nie habe ich Männer so laut und höhnisch lachen hören wie diese Soldaten, als sie die Zellentür wieder schlossen.

Viele der weiblichen Gefangenen wurden vergewaltigt. Als ich dran war, sagte ich, ich hätte Syphilis. Das wirkte, sie fürchteten diese Krankheit wie die Pest.

Meine Zelle war, wie alle andern auch, mit grell-grüner Ölfarbe angestrichen … und überall war das Wort »Warum« eingeritzt, dieses Wort, das ich nicht an mich heranließ, da es auf diese Frage doch nie eine Antwort gibt. Ich wollte überleben und nicht verrückt werden. Die Tag und Nacht brennende 100-Watt-Birne spiegelte sich in der grellgrünen Wand. Ab und zu versuchten wir, die Lampe zu verhängen, doch das dauerte nie sehr lange: ein Soldat kam fluchend und schreiend herein und riß die Lappen, die wir um die Birne gehängt hatten, wieder herunter. Oft waren die Soldaten betrunken und zogen dann gröhlend von Zelle zu Zelle, wo sie Schläge und Fußtritte austeilten. Ich zitterte, als eines Abends vier solcher

Kerle in meiner Zelle erschienen, und schrie aus Leibeskräften: »Syphilis! Syphilis!«

Voller Ekel und Abscheu, laut fluchend, zogen sie ab und die Zelle wurde wieder von außen geschlossen. Sie gingen in die nächste Zelle, in der ein neunzehnjähriges Mädchen war …

Unsere Hauptnahrung war eine Art Kartoffelsuppe, oder richtiger Kartoffelschalensuppe. Meine Zellengenossin und ich hatten uns ein Spiel ausgedacht: Wir spuckten Kartoffelschalenmuster an die grellgrüne Wand, wo sich nach und nach ein abstraktes Reliefmuster bildete, wodurch die grell-grüne Farbe etwas von ihrer Gewalt verlor. Wir lachten darüber, trotz allem, was uns an Schrecklichem umgab. Ich lebte bewußter, intensiver, jetzt, da ich nichts mehr zu verlieren hatte; jetzt, da mir nichts als das Leben geblieben war.

Inzwischen war es schon September geworden. Die Verhöre hatten aufgehört. Es regnete in Strömen. Ein Soldat brachte mir meine Handtasche: mein Lippenstift war noch immer drin!

»Machen Sie sich so hübsch wie möglich!« befahl er mir.

Er brachte mir sogar eine Schuhbürste, deutete damit auf meine Schaftstiefel, die es tatsächlich nötig hatten, geputzt zu werden. Vor dem Gefängnis wartete ein Gefangenenauto auf uns. Ich mußte einsteigen, ein Soldat setzte sich neben mich, und wir fuhren los, kreuz und quer durch Berlin, bis wir schließlich vor dem sowjetischen Hauptquartier anlangten. Der Soldat brachte mich in ein großes Zimmer im Erdgeschoß und ließ mich dann allein. Aus einer fast unsichtbaren, tapetenverkleideten Tür trat ein Offizier und bat mich in fließendem Deutsch, ihm in das Nebenzimmer zu folgen. Er setzte sich hinter seinen Schreibtisch und ließ mich ihm gegenüber Platz nehmen.

»Wollen Sie viel Geld verdienen?« fuhr er in seinem ausgezeichneten Deutsch fort.

Und dann ging's weiter:

Ich könne nach Moskau gehen, dort elegant eingekleidet werden und, überreichlich mit Geld versehen, weiter nach Tokio fahren. Die einzige Bedingung: Ich sollte einen kleinen Funkapparat mitnehmen, gewissermaßen um nicht aus der Übung zu kommen.

»Nehmen Sie unseren Vorschlag an, Fräulein Goldacker?«

Ohne zu zögern, antwortete ich sehr herablassend:

»Ich bin gerade im Begriff, sowjetische Gefängnisse kennenzulernen, das genügt mir. Ich habe keine Lust, mir japanische Gefängnisse von innen anzusehen.«

»Soll das heißen, daß Sie unseren Vorschlag ablehnen?« fragte er kühl.

»Ja, das soll es heißen!«

»Die Folgen tragen Sie«, sagte er und öffnete die Tapetentür, die in den Nebenraum führte, ging zum Ausgang und rief den mich begleitenden Soldaten, sagte ihm ein paar Worte, und ich wurde zurück ins Gefängnis nach Lichtenberg gebracht. In der gleichen Nacht wurde ich verurteilt. Die Wände des als Gerichtssaal hergerichteten Raumes waren mit roten Tüchern verhangen, die Tische waren rot bedeckt, die Gesichter der Offiziere und Soldaten waren rot ... alles schien hier rot zu sein. Zwei abseits sitzende Soldaten wurden als meine Zeugen vorgestellt. Ich hatte sie nie vorher gesehen, sie mich wahrscheinlich auch nicht. Neben ihnen saß der Dolmetscher. Ich ging auf den einzigen, frei im Raum stehenden, leeren Stuhl zu und wollte mich setzen. »Sie bleiben stehen!« wurde ich angeschrien.

Es war etwa 11 Uhr nachts. Der Prozeß dauerte zwei Stunden. Durch den ständigen Hunger war ich bereits so geschwächt, daß ich oft in meiner Zelle oder auf dem Korridor draußen in Ohnmacht fiel. Jetzt stand ich hier vor diesem »Haufen«, elend und hungrig, mit dem Stuhl hinter mir, auf den ich mich nicht setzen durfte, und hatte nur einen Wunsch: hier nicht ohnmächtig werden.

Nein, sie sollten meine Schwäche nicht sehen. Während des Prozesses wurde nur Russisch gesprochen. Ich wußte nicht, was sie mir eigentlich vorwarfen, der Dolmetscher übersetzte nur hin und wieder, sehr lückenhaft.

Nach einer Stunde wurde ich auf den Korridor vor dem Gerichtszimmer geschickt und mußte warten, bis die an mir vorbeigetragenen Unmengen belegter Brote und Getränke drinnen im Zimmer von meinen »Richtern« vertilgt waren. Ich hörte das Klirren der Gläser, ihre laute Unterhaltung, ihr schallendes Lachen ... Und ich krepierte fast vor Hunger.

Als sie fertig waren, riefen sie mich zur Urteilsverkündung: zehn Jahre Zwangsarbeit. Ich zuckte nur mit den Achseln. Man erlaubte mir, wie einer zum Tode Verurteilten, eine letzte Bitte auszusprechen. Ich bat darum, meine Mutter von meiner Verurteilung zu benachrichtigen.

»Nein, bitten Sie um etwas anderes!« kam die Antwort.

»Ich habe keine andere Bitte. Ich will Ihnen nur sagen, daß Sie mit dem gleichen Recht, mit dem Sie mich heute hier verurteilen, jeden deutschen Mann, jede deutsche Frau verurteilen können: das heißt mit gar keinem Recht!«

Ohne mir zu antworten, ließ man mich in meine Zelle abführen.

Ich kam in den Gefängnistrakt, in dem sich die zum Tode Verurteilten befanden und auf ihre Hinrichtung oder Begnadigung warteten. Dort fiel mir besonders eine große dunkelhaarige Frau auf. Sie war gebürtige Russin und hatte lange

Zeit in Wien gelebt. Sie wartete auf ihre Begnadigung. Eines Morgens fand ich im Büro der Wachsoldaten ihren Schlüpfer und ihren Büstenhalter: sie war hingerichtet worden. Meine Zelle unterschied sich äußerlich nicht von den Zellen, in denen ich vorher war: die Wände grell-grün, links die Pritsche und der unvermeidliche Eimer, der Tür gegenüber das mit Blech vernagelte Fenster, rechts daneben der kleine quadratische Hängeschrank, gegenüber der Pritsche ein kleiner Tisch und ein Hocker. Und doch war alles anders. In den ersten Zellen hatte ich gehofft, freigelassen zu werden. Jetzt wußte ich, daß zehn Jahre Zwangsarbeit vor mir lagen. Ich habe geweint und gebetet, ich habe versucht zu beten. Da ich keine eigenen Worte fand, versuchte ich es mit dem Vaterunser. Ich kam über die Stelle »Dein Wille geschehe …« nie hinaus. Ich wollte, daß mein Wille geschehe. Es hat Jahre gedauert, ehe ich das Gebet zu Ende beten konnte. Dort, in jener Zelle, war es mir unmöglich.

Einmal, als ich wieder weinte, wurde die Zellentür aufgeschlossen, und Boris stand draußen. Boris war »nur« ein Krimineller, half beim Essenausteilen und war eben gekommen, um mir sein großes, rotweiß gepunktetes Taschentuch zu geben. »Du mußt nicht weinen«, meinte er in seinem gebrochenen Deutsch, »wohl hast du jetzt zehn Jahre bekommen, aber du wirst sehen, in zwei oder drei Jahren bist du wieder zu Hause.«

Wie wohltuend waren diese gutgemeinten Worte, wie wohltuend diese menschliche Wärme! Später erfuhr ich, daß das, was er sagte, für Kriminelle absolut zutraf, nur für Politische gab es keine Amnestie. Ich sehe ihn noch vor mir: seine hellen Augen, blau wie der Himmel an einem heißen Sommertag, sein Haar hatte die Farbe reifen Weizens, sein Lächeln war breit und tröstlich. Er war am Baikalsee in Sibirien zu Hause.

Sie führten uns zum Duschen. Ich hätte mich freuen sollen, denn inzwischen war ich vollkommen verlaust. Und doch wollte ich nicht zum Duschen gehen. Auf dem langen Weg vom vierten Stock bis runter zum Baderaum, der sich im Erdgeschoß befand, mußte ich daran denken, was meine Landsleute den Juden angetan hatten. Unten angekommen, mußten wir uns in dem kleinen Vorraum ausziehen und gingen nackend in den Duschraum ... Nein, ich will leben ... Wie erstaunt war ich, als ich tatsächlich Wasser über meinen Körper rieseln fühlte ... es war kein Gas.

Nur die männlichen Häftlinge hatten Anspruch auf einen täglichen Spaziergang. Als ich noch in einer anderen Zelle war, deren Fenster erst später mit Blech vernagelt wurde, konnte ich die Männer sehen. Einmal am Tage drehten sie, einer hinter dem anderen, die Hände auf dem Rücken verschränkt, ihre traurigen Runden. Ein 12- oder 13jähriger Junge stand wie ein Dompteur in ihrer Mitte und schlug mit einer langen Peitsche auf sie ein. Er lachte laut, wenn die Männer aufschrien. War dieser Junge schon Gefangener, Krimineller vielleicht? Oder der Sohn eines Offiziers?

Ich war an meinem 26. Geburtstag bereits fünf Wochen im Gefängnis, allein in meiner Zelle. Als ich von dem morgendlichen Gang zum WC in meine Zelle zurückgeführt wurde, fand ich in meiner Manteltasche ein großes, in Scheiben geschnittenes Stück Weißbrot.

»Der Tag fängt gut an«, dachte ich erfreut.

Als das Frühstück ausgeteilt wurde, stand Boris neben dem Soldaten vor meiner Zellentür und strahlte über sein breites, gutmütiges Gesicht ... da wußte ich, wer mir das geschnittene Weißbrot in die Manteltasche gesteckt hatte! Ich lächelte dankbar. Mittags gab es wieder eine Überraschung: Statt des üblichen Blechnapfes mit der Kartoffelschalensuppe bekam ich einen richtigen Teller mit einem großen Stück Fleisch und grünen Bohnen, selbst Kartoffeln fehlten nicht. Zum Nachtisch bekam ich einen grünen, unreifen Apfel: der beste Apfel meines Lebens!

Am Nachmittag hatten wir Gelegenheit, unbeobachtet ein paar Worte zu wechseln:

»Das Brot war von dir, nicht wahr?«

Ja, ich habe es geschnitten, weil die Deutschen ihr Brot schneiden und nicht brechen, wie wir es tun.«

»Ich danke dir, Boris … Und das Mittagessen?«

»Das war meins; ich hatte heute keinen Hunger.«

»Das ist nicht wahr, Boris, doch ich danke dir!«

»Du hast doch heute Geburtstag, nicht wahr?«

Er hatte in der Wachstube die Gefangenenliste durchgesehen!

Die Kirchenglocken – direkt neben dem Gefängnis stand eine Kirche – schlugen gerade 10 Uhr, es war nachts, als Boris plötzlich vom Korridor aus fragte:

»Schläfst du schon, Kurnossaja?« (Stupsnase russ.)

»Nein, Boris, was ist denn los?«

»Ich wollte dir nur gute Nacht sagen, weiter nichts.«

»Wie lieb von dir, Boris, hat das einen besonderen Grund?«

»Ja … ich hatte Ausgang und war in der Kneipe gegenüber. Die Leute dort sangen, schrien und lachten, und ich mußte an dich denken, wie du hier traurig und allein in deiner Zelle sitzt. Da konnte ich es dort bei den anderen nicht mehr aushalten und kam zurück …«

»Gute Nacht, Boris!«

»Gute Nacht, Kurnossaja!«

Im Herbst 1945 saß ich immer noch in meiner Zelle. Eines Abends wurde zu einer ungewöhnlichen Zeit meine Zellentür aufgeschlossen, und herein schob sich ein Mann, ein Soldat. Sofort hinter ihm fiel die Tür wieder ins Schloß, ich hörte das Geräusch des Schlüsseldrehens. Ich sah den Mann an und erkannte in ihm einen meiner beiden Zeugen.

»Jetzt geht es also wieder los«, dachte ich angewidert und fing im gleichen Augenblick laut an zu schreien:

»Syphilis!«

»Psst, still! Sie irren sich, ich bin nicht deswegen gekommen. Ich will Ihnen helfen. Sie werden bald von hier weggebracht werden, dorthin, wo es sehr kalt ist. Geben Sie mir die Adresse Ihrer Mutter, hier sind Bleistift und Papier. Schreiben Sie ihr einen Gruß und lassen Sie sich Wintersachen von mir mitbringen. Sie können doch nicht im Sommerkleid nach Sibirien fahren!«

Außer dem grauen Sommerkleid hatte ich noch meinen leichten Mantel ... Sollte ich ihm trauen? Wollte er nur die Adresse meiner Mutter haben, die ich verschwiegen hatte? Vielleicht ist er wirklich ehrlich und will mir helfen ... Ich schrieb also ein paar Worte an meine Mutter und gab ihm den Zettel zurück. Er hatte mir ein paar Zigaretten und drei oder vier Scheiben Wurst und etwas Brot mitgebracht, alles fein säuberlich in Zeitungspapier gewickelt. Er klopfte an die Zellentür, man öffnete sofort, und er verschwand lautlos.

In jenem Jahr fing die Kälte schon im Oktober an. Wir standen auf dem Gefängnishof: 42 Frauen inmitten von Hunderten von Männern. Wir Frauen wurden in eine Ecke gedrängt. Die in Lumpen gehüllten Gestalten der elenden, zum Skelett abgemagerten Männer wurden wie Tiere zusammengepfercht. Soldaten standen herum und warteten darauf, Befehle zu empfangen und auszuführen. Plötzlich entdeckte ich unter ihnen meinen Zeugen.

Er steht auf einer Treppenstufe etwas höher als die anderen

und scheint jemanden in der Frauengruppe zu suchen. Da sieht er mich. Langsam, um nicht aufzufallen, einen großen Bogen machend, kommt er bis zur Frauengruppe. Schnell zieht er zwei große Weißbrote unter seinem Uniformmantel hervor und steckt sie mir hastig zu. Dann sagt er leise und sehr schnell:

»Ich habe Ihre Mutter nicht besuchen können.«

Vor meinen Augen zerreißt er meinen kurzen Brief, den ich meiner Mutter zugedacht und ihm anvertraut hatte. Er verschwand ebenso schnell und unauffällig, wie er gekommen war, ich hatte das Brot bereits versteckt ... Daß ich seinen Namen nie erfahren habe!

Mit großen Feldplanen überzogene Lastwagen fuhren in den Gefängnishof, und immer ungefähr zwanzig Gefangene wurden auf einen dieser Wagen verladen. Wenn die Zahl stimmte, fuhr der Wagen los. Es ging über Karlshorst, Köpenick, Friedrichshagen nach Frankfurt an der Oder ... eine endlos lange, traurige Kolonne ...

Die Luft war feucht und kalt. Wir fuhren und fuhren. Ich saß ganz hinten auf dem Lastwagen, ohne die schützende Plane über mir, und schlotterte in meinem Sommerkleid. Es war ein schweigender Zug. Unsere Bewacher hielten ihre Maschinengewehre schußbereit auf uns gerichtet. In Frankfurt standen die Männer bereits vor einem grauen, großen Gebäude, dessen Mauern deutliche Spuren des beginnenden Verfalls trugen: mein zweites Gefängnis.

Eine der Frauen suchte in der Männergruppe ihren Sohn. Sie entdeckte ihn schließlich ganz in unserer Nähe. Da stand er, ein hochaufgeschossener Junge mit einem Kindergesicht, 15 Jahre war er alt. Die Sowjets hatten seinen Vater vor seinen Augen erschossen, da er noch ein Gewehr besaß, als die russischen Truppen in Berlin einmarschierten. Seiner Mutter gelang es, dem Jungen unbemerkt ein halbes Weißbrot zuzustekken, das ich ihr für ihn gegeben hatte. Wir kamen in unsere Zelle: acht übereinandergestellte Holzbetten für 42 Frauen. Ich bekam Schüttelfrost und klapperte mit den Zähnen. Ich hatte eine doppelseitige Angina, und man ließ mir daher etwas mehr Platz, als mir normalerweise zugestanden worden wäre …

Jeden zweiten Tag bekamen wir Verpflegung: eine Schüssel Wassersuppe und ein Stück Brot. Die Enge und der Gestank machten uns alle nervös. Ständig zankten sich einige der Frauen laut schreiend und fluchend: Eine bekam ein größeres Stück Brot als die andere, eine benutzte den Eimer, während die andere an ihrem Brot kaute …

Drei- oder viermal wurde ich zu einem Arzt gebracht, einem Gefangenen wie ich; dann kam der Tag, an dem ich mit den anderen auf dem Gefängnishof meine Runden drehen durfte: zehn Minuten täglich, die Hände auf dem Rücken, wie die Männer in Berlin-Lichtenberg. Nur der kleine, Peitschenhiebe verteilende Junge fehlte: Er wurde durch Soldaten ersetzt, die uns, sowie wir an ihnen vorbeikamen, mit Fußtritten versahen …

7. November, das Fest der Oktoberrevolution. Die Soldateska ließ sich voll Wodka laufen. Es wurde schon dunkel draußen. Das war gewöhnlich der Augenblick, wo wir alle zum WC geführt wurden. Ein Soldat ergriff meine Hand. Unvorsichtigerweise hatte ich den Ring von S. auf dem Ringfinger behalten.

»Gib her!« lallte der Soldat und bemühte sich, aufrecht zu stehen.

Ich lasse blitzschnell den Ring von einer Hand in die andere gleiten, überzeugt davon, daß der Soldat, betrunken wie er ist, nichts davon bemerkt.

»Was soll ich denn hergeben?« frage ich unschuldig und halte ihm meine leere Hand unter die Nase.

Er schlägt mir mit der flachen Hand ein paarmal ins Gesicht. Ich kämpfe mit den Tränen.

»Du denkst wohl, ich sei vollständig blau, was? Gib die andere Hand, aber schnell!« Er reißt mir den Ring aus der Hand.

Am nächsten Morgen sehe ich, wie hinten in der Ecke unserer Zelle eine dicke Russin vergeblich versucht, sich meinen Ring auf ihren kleinen Finger zu ziehen. Lange schwarze Haare hängen wirr um ihr pickliges Gesicht. Sie hat mit dem Soldaten geschlafen und den Ring dafür bekommen.

Es ist kein goldener, sondern ein Platinring. Ich habe eine Idee:

»Du, das ist doch ein vollkommen wertloser Ring, der ist doch nur aus Blech. Gib ihn mir wieder, für mich ist es ein Erinnerungsstück.«

»Was, der ist nichts wert? So eine Gemeinheit … Hier, du kannst ihn wiederhaben.«

Ich freundete mich mit zwei jungen deutschen Frauen an. Eine war verurteilt worden, weil sie während des Krieges im Offiziersrang bei der Wehrmacht tätig gewesen war; die andere war aus einem belanglosen Grund verhaftet worden: Sie hatte einem Soldaten, der eine Flasche Schnaps von ihr haben wollte – die sie nicht besaß –, eine Flasche Wasser gegeben und ihm gesagt, das sei besser als Schnaps.

Sie hießen Maria und Eva und wurden täglich nach Frankfurt geführt, um dort in den Offizierswohnungen sauberzumachen. Später erfuhr ich, daß sie dort einmal die Möglichkeit hatten zu fliehen – in Frankfurt sprach man noch deutsch, man konnte dort mit der Hilfe von Landsleuten rechnen –, aber sie waren meinetwegen geblieben, sie fürchteten Repressalien, und ich war damals so krank.

Ganz selbstverständlich wurden die Russinnen besser behandelt als wir. Ihre Brot- oder Suppenrationen waren immer größer als unsere. Einige von ihnen verdienten sich auch manches Stück Brot, weil sie mit den Soldaten schliefen. Tagsüber, aber besonders auch abends, saßen sie auf den Pritschen oder auch auf dem Fußboden der Zelle und sangen ihre schönen traurigen Lieder, deren Worte wir nicht verstanden. Als wir eines Tages von unserem Zehnminuten-Spaziergang in die Zelle zurückkommen, zeigte mir eine der Russinnen ein großes, altes, schweres goldenes Kreuz. Sie hatte die Krankenzelle saubergemacht, und ein sterbender orthodoxer Priester hatte es ihr gegeben.

Vier Wochen nach unserer Ankunft in Frankfurt wurden wir auf dem Gefängniskorridor zum großen Abtransport zusammengedrängt, abgetastet und durchsucht. In jenem Augenblick wäre mir der Tod ein lieber Freund gewesen …

Wie die Soldaten mich auch durchsucht haben: Mein Paul-Gerhardt-Lied und die beiden Goldstücke fanden sie nicht, ich hatte diese Schätze in den Zwickel meines Schlüpfers genäht, und den Ring hatte ich wieder, wie so oft im Gefängnis, im Mund. Als wir durch das Gefängnistor hinaus auf die Straße traten, standen die Männer in einer langen grauen Kolonne, immer zu fünfen, rechts und links flankiert von Soldaten mit dem Maschinengewehr im Anschlag, bereits vor uns im Nebel und warteten auf uns. Ihre kahlrasierten Schädel sahen aus wie Totenköpfe. Maria und Eva stützten mich. Langsam setzte sich die graue Kolonne in Bewegung. Dann hielten wir gegenüber dem alten Krankenhaus. Unsere Gesichter waren so grau wie die Mauern des verwitterten Gebäudes. Ein Leiterwagen stand davor, darauf ein roher Holzsarg. Ein Mann kam aus dem Haus und warf die Leiche, die er trug, in den hellen offenen Sarg. Das war das letzte, was ich von Deutschland gesehen habe.

IV

Die lange graue Kolonne bewegte sich langsam in Richtung Güterbahnhof. Wir gingen an Bombenkratern und Trümmern vorbei. Ein roter Güterzug stand für uns bereit, 27 Waggons zählte ich. Vor einem der letzten Waggons dieses langen Zuges wurde uns Frauen befohlen stehenzubleiben. Die Schiebetür des Waggons wurde aufgeschoben, und wir halfen uns gegenseitig hineinzuklettern. Rechts und links von der Schiebetür war die ganze Breite des Waggons in halber Höhe mit einem pritschenähnlichen Brett versehen, so daß man nur in der Mitte des Waggons, in der Nähe der Schiebetür, aufrecht stehen konnte. Die Russinnen nahmen die Plätze oben auf dem Brett ein. So konnten sie durch das kleine Waggonfenster sehen und hatten auch die Möglichkeit, ab und zu auf den Bahnhöfen mit freien Menschen zu reden. Die Deutschen mußten zusammengekrümmt unter dem Brett auf dem Waggonboden vollkommen ineinandergeschachtelt liegen. Auf dem freien Platz in der Mitte, dort, wo man stehen konnte, befand sich ein eiserner Ofen, in dem nur einmal während unserer Fahrt ein Feuer brannte. Hinter dem Ofen hatte man ein rechteckiges Loch in den Waggonboden gesägt: für unsere Notdurft. Wir waren 42 Frauen, als wir abfuhren. Eine Russin wurde zur Waggonältesten ernannt. Sie hatte einen Mann, es war wohl ihr Geliebter, umgebracht. Ich dachte lange, daß sie mindestens über vierzig sei, doch wie sich später herausstellte, war sie gerade erst zwanzig Jahre alt!

Es war unmöglich, immer in der Mitte des Waggons herumzustehen. Zusammengekrümmt unter dem Brett zu liegen, schien noch die bequemste Stellung zu sein. Ich wurde von meinen Landsleuten dazu bestimmt, unsere Verpflegung in

Empfang zu nehmen und zu verteilen. Endlich setzte sich bei hereinbrechender Nacht der Zug langsam in Bewegung, nachdem wir den ganzen Tag lang kontrolliert, gezählt und durchsucht worden waren. Ich atmete erleichtert auf. Fahren, ganz gleich wohin, war mir lieber als das nicht enden wollende Warten. Trotz der tragischen Bedeutung dieses Augenblicks, die ich sehr wohl fühlte, erfüllte mich eine merkwürdige Neugier.

Täglich einmal hielt der Zug, oft auf freier Strecke. Ein Soldat schob die Tür auf und brachte unsere Verpflegung: eine oder manchmal auch nur eine halbe Scheibe Trockenbrot, einen Teelöffel Zucker alle paar Tage und einen Fischkopf für uns Deutsche. Der Fisch selbst wurde den Russinnen gegeben, was ich trotz meines Hungers wohl verstand. Schließlich waren es ihre Landsleute, die das Essen austeilten.

Manchmal gab es Wasser: eine halbe Konservenbüchse für neun Personen. Dreieinhalb Schluck für jede von uns. Wir hatten Durst, der uns mehr quälte als der Hunger, besonders, da der Fischkopf immer sehr salzig war. Einmal haben zwei halbtote fast nackte Mädchen noch die Kraft gefunden, sich wegen eines Schlucks Wasser zu schlagen. Am nächsten Morgen wurden sie beide in den Totenwaggon getragen. Ich bewahrte immer einen kleinen Schluck im Mund auf, spuckte das Wasser dann in die Hand, um mich notdürftig damit zu waschen. Wir waren über und über verlaust.

Es mußte bereits Anfang Dezember sein. Wir fuhren schon über einen Monat. Tagelang bekamen wir kein Wasser. Durch die Kälte draußen beschlugen die Waggonwände durch unseren Atem mit Reif, den ich mit einem Löffel abkratzte, um meinen Durst zu stillen. Ab und zu bekamen wir auch Schnee, der zwischen oder neben den Eisenbahnschienen gelegen hatte und nach Öl und Kohle schmeckte, doch wir haben ihn gierig verschlungen. Wenn wir doch nur Feuer im Ofen hätten! Mein leichtes graues Seidenkleid, mein dünner Sommermantel boten kaum Schutz gegen die eisige Kälte. Zum Glück hatte es an dem Tag meiner Verhaftung geregnet, und ich hatte Schaftstiefel angezogen! Das größte Glück aber war, daß Maria und Eva eine Decke und zwei Kissen hatten. Wir haben die Kissen auf die Waggonbretter gelegt, uns ganz ineinander verschlungen daraufgerollt, über uns, wie ein Zelt, die Decke. So hielten wir uns durch unseren eigenen Atem warm.

Männer und Frauen starben vor Hunger und Kälte oder an Typhus. Wir drei in unserm Zelt versprachen uns gegenseitig, daß wir, sobald wir an Typhus erkrankten, das Zelt verlassen wollten, um die beiden anderen nicht anzustecken. Wer Typhus bekam, war sowieso nicht mehr zu retten. Dieses Zelt hat uns dreien das Leben gerettet: nicht nur, weil wir uns gegenseitig wärmten, sondern wir waren auf diese Weise auch von den übrigen Gefangenen isoliert.

Brest-Litowsk, die polnisch-russische Grenze. Der Zug hielt schon seit Tagen. Es war nachts und totenstill. Plötzlich hörte ich neben mir Eva weinen.

»Warum weinst du denn?«

»Ich habe solchen Hunger!«

Als ob wir nicht alle Hunger hätten! Ich wurde wütend, doch da fiel mir etwas ein. Über uns in der Ecke des Waggons baumelte ein Sack voller Trockenbrot. Er gehörte der Waggonältesten, die sich in weiser Voraussicht und wohl wissend, wie unendlich groß ihre russische Heimat ist, während der Gefängniszeit einen Vorrat angelegt hatte. Alles schlief. Tossia, die Russin, schnarchte laut. Doch ein einziges Geräusch konnte sie wecken. Ich kroch vorsichtig näher an den Sack heran und zog fast geräuschlos ein Stück Brot nach dem anderen heraus. Während der ganzen Nacht haben wir an dem Brot gelutscht und gekaut, und es gelang uns, ohne jemanden zu wecken, fast den ganzen Sack zu leeren. Dabei war das Brot steinhart!

Am nächsten Morgen wurden wir durch lautes Fluchen geweckt. Tossia, die Russin, hatte den Diebstahl entdeckt und beschimpfte uns laut und unflätig. Ich kroch aus unserem »Zelt« hervor und stellte mich in die Mitte des Waggons. Ich war für die Deutschen verantwortlich, jedenfalls was die Verpflegung anbetraf, und hatte beschlossen, sie – und damit auch mich – zu verteidigen. Schließlich ging es um unser Überleben. Nicht ohne eine gewisse Theatralik, ruhig und sehr bestimmt sagte ich: »Wir wissen wohl, daß wir die Verlierer dieses Krieges sind, das heißt aber noch lange nicht, daß wir mit dem Krieg auch unsere Würde verloren haben. Keine von uns stiehlt. Wir sind viel zu stolz, um uns je an dem Eigentum derer, die uns besiegt haben, zu vergreifen. Du kannst ja mal bei deinen Landsleuten anfragen, viele von ihnen werden gewusst haben, wo du dein Brot aufbewahrst!«

Das Schönste an dieser Rede war, daß ich im Augenblick, als ich sprach, fast selbst von der Wahrheit dessen, was ich sagte, überzeugt war. Alle schwiegen, selbst Tossias Fluchen war verstummt. Sie glaubten mir.

Als ich wieder unter unsere Decke kroch und zwischen Maria und Eva eingekeilt hockte, fragte mich letztere: »Und das Brot von heute nacht, woher hattest du es denn?«

»Hm, von ihr natürlich!«

Selbst meine Freundinnen wollten es mir fast nicht glauben …

Vor ihrer Verhaftung hatte sie in Potsdam gelebt und dort Musikunterricht gegeben. Sie war die Älteste von uns, schon 62 Jahre alt, durchsichtig dünn stand sie mitten im Waggon, nur mit ihrem Unterrock bekleidet, der schwarz vor Läusen war. Das braunrotkarierte Wollkleid hielt sie in der Hand und versuchte vergeblich, es zu entlausen. Sie hieß Hildegard und war die erste Tote. Eva und ich haben sie nicht weit von der Bahnlinie im Schnee verscharren müssen. Sie hatte ihren langen braunen Wintermantel mit einem Fuchspelzkragen an, als sie starb. Warum haben wir sie mit dem Mantel verscharrt … sie brauchte ihn doch sowieso nicht mehr?

Später wurden die Toten gesammelt. Man hatte einen großen Waggon an das Ende des Zuges gehängt, größer als die übrigen Waggons. Die Toten lagen darin übereinandergestapelt. Ich schien stärker als die anderen zu sein und habe mehrere Leichen dorthin schleppen müssen. Kurz bevor unser Transport am Bestimmungsort ankam, war dieser Waggon so voll, daß wir die Toten biegen mußten, damit sie noch hineinpaßten. Zwei Wochen schon hielt unser Zug an der polnisch-russischen Grenze. Eines Nachts verglich ich die Breite meiner Schultern mit der Länge unseres »Lochs«. Mit etwas Anstrengung und Überwindung könnte ich mich sicherlich hindurchzwängen. Eva und Maria waren auch nicht breiter als ich, und wir beschlossen, zusammen zu fliehen. Ich wollte nicht ohne sie gehen, denn sie waren meinetwegen von Frankfurt aus nicht geflohen. Ein sehr feiner Regen fiel. Jede Nacht hörte man das Bellen der Maschinengewehre, und morgens, wenn die Soldaten uns Brot und Fisch brachten, erzählten sie uns, daß in der vergangenen Nacht wieder mal ein paar Männer versucht hätten zu entkommen.

»Weit kommen sie ja nie, diese Idioten«, meinte einer der Soldaten. Ich wollte es trotzdem versuchen … es wäre ein Ende gewesen, so oder so. Eines Nachts war es soweit: Ich kroch auf allen vieren bis zum Loch. Maria war mir gefolgt.

»Bleib«, bat sie, »gestern nacht haben sie so geschossen …«

Ich blieb und habe es später manchmal bedauert. Am nächsten Morgen stand der Zug noch immer an der gleichen Stelle. Wenn der Zug nicht fuhr – und er hielt 17 Tage und Nächte –, quälten uns die Läuse noch schlimmer, als wenn er rollte. Am 17. Tag wurden wir in einen anderen Zug verladen, die Breitspureisenbahn begann. Beim Umsteigen versuchten einige Gefangene, die hereinbrechende Dunkelheit zur Flucht auszunutzen. Für die Soldaten war es ein leichtes, sie daran zu hindern. Man hörte Befehle und Schreie in der Nacht, Hundegebell und Schüsse. Dann schwieg die Schneenacht.

Offiziere erwarteten uns in dem neuen Waggon. Es war dunkel, zwei Kerzen flackerten und ließen gespenstische Schatten auf den Waggonwänden tanzen. Es war unheimlich. Einer der Offiziere fragte nach unseren Namen. Dann wieder wurden wir gezählt, stückweise. Die Leichen wurden auch gezählt. Stückweise. Das Inventar, lebend oder tot, mußte am Bestimmungsort schließlich stimmen.

Ein Soldat kam und befahl uns, uns auszuziehen. Dann führte er uns, nackend wie wir waren, durch den Schnee zu einem abseits stehenden Waggon, der eine Wasch- und Desinfektionsanlage hatte. Wir bekamen warmes Wasser, und während wir uns wuschen, wurden unsere Kleider desinfiziert. Wir bekamen nur jeder eine Schüssel Wasser, und doch war es ein fast wohliges Gefühl, sich seit so vielen Wochen endlich einmal zu waschen. Wir bekamen unsere desinfizierten Kleider zurück und wurden wieder in unseren dunklen, schmutzigen Waggon geführt. Die Kälte, dann das warme Wasser, und wieder der Gang durch die Kälte hatten uns schläfrig gemacht. Plötzlich ging die Waggontür auf, und ein schwerer Gegenstand wurde in die Mitte des Waggons geschoben. Die Tür wurde geschlossen. Dann Stille. In die Stille hinein ein unheimliches abgehacktes Klopfen. Maria fragte:

»Wo ist Erika? Hast du sie gesehen?«

»Nein, hier habe ich sie nicht gesehen. Beim Waschen war sie noch.«

Ich kroch in Richtung des unheimlichen Klopfgeräusches und stieß an etwas Kaltes, Weiches. Es war Erika, die mit ihren nackten, kalten Füßen in gleichmäßigem Rhythmus an die Waggontür schlug. Sie war im Waschwaggon zurückgeblieben, ohne daß wir es bemerkt hatten, und hatte dann wahrscheinlich versucht, nackend, halbtot schon, unseren Waggon zu finden, bis sie vor Erschöpfung im Schnee liegenblieb. Ein Soldat hat sie dann in den Waggon geschoben. Bevor sie in meinen Armen starb, erlangte sie noch einmal das Bewußtsein und schrie mit einer merkwürdigen, veränderten Stimme meinen Namen. Es war am 16. Dezember, dem Geburtstag meines Bruders ...

Am nächsten Morgen fragte ein Soldat, wie viele Tote wir im Waggon hätten.

»Eine«, erwiderte ich.

»Wir kommen morgen wieder, sonst lohnt es sich nicht.«

Sie rechneten mit unserem Sterben, als sei es etwas ganz Selbstverständliches.

Er hatte recht: zwei Tage später waren drei Tote wegzutragen, das lohnte sich schon eher. Auf dem Weg zum Totenwaggon begleitete uns ein Soldat, unaufhörlich mit seiner langen Peitsche knallend: Wir gingen ihm zu langsam, dabei konnten wir uns selbst kaum vorwärtsschleppen ... Der Zug fuhr weiter.

Es kam vor, daß der Zug in einem Bahnhof hielt. Dann strömten von allen Seiten Leute herbei, die hofften, von ihren verschollenen verschleppten Familienangehörigen durch uns etwas zu erfahren. Andere kamen, um skrupellose Tauschgeschäfte mit den verhungernden Gefangenen zu machen. So tauschte das Mädchen, das das schwere goldene Kreuz im Gefängnis in Frankfurt bekommen hatte, dieses Kreuz gegen einen Laib Brot ein. Ich gab meine beiden Goldstücke für drei Kilo Brot her, aber es war Weißbrot ...!

Ich habe die Brote mit allen, die unten auf dem Waggonboden mit mir lagen, geteilt.

Wir fuhren weiter nach Norden. Wir wurden immer elender und schwächer vor Hunger und Kälte. Jeden Tag starb eine von uns. Die Russinnen waren viel stärker als wir und hielten länger durch. Sie hatten mehr zu essen und waren von Natur aus widerstandsfähiger. Ich bewegte immer wieder lange hintereinander meine Zehen, damit sie nicht erfrören. Ich hatte das mal in einer Gefangenenerzählung gelesen. Als mir eine Russin – zum zweitenmal! – meine Schaftstiefel stahl, war ich zu schwach, um sie daran zu hindern, sie mir auszuziehen.

Eine Lesbierin, die Deutsche, die mir am Anfang im Gefängnis in Frankfurt deutliche Annäherungsversuche gemacht hatte, unterhielt uns mit ihren Karten, die sie, ich weiß nicht wie, fabriziert hatte. Sie sagte uns die Zukunft aus den Karten und behauptete, daß ich, wenn auch nach langer Zeit, so doch nach Hause käme, wo drei alte Damen mich erwarteten. Wer sollten denn die drei Damen sein? Sie selbst bliebe auf der Strecke zurück. »Ihr laßt mich hier«, so pflegte sie zu sagen. Sie bekam Typhus und hockte nur noch über dem Loch. Sie hatte hohes Fieber. Sterbend rief sie mich zu sich, doch Maria hielt mich zurück: »Komm ihr nicht zu nahe, sie wird dich zu sich runterziehen, und morgen hast du Typhus!«

»Komm doch her zu mir«, keuchte Lena mit ihrer sterbenden Stimme, die schon halb aus dem Jenseits zu kommen schien. Und dann: »Komm her zu mir, hilf mir, mein Arm wird immer länger.«

Und wieder hielt mich Maria zurück:

»Sie will dich küssen, du wirst es sehen, und morgen bist du dran.«

Und dann, ich weiß nicht warum, antwortete ich – kalt wie der Soldat, der nach der Anzahl der Toten im Waggon fragte und sagte, er käme morgen wieder, wenn es sich lohnte – der Sterbenden, deren Füße ich mit meinen Füßen berührte:

»Freu dich über deinen langen Arm, was meinst du, wie gut du dir damit deinen verlausten Rücken kratzen kannst!«

Sie hatte mich doch noch verstanden und verfluchte mich, bevor sie starb.

Eine Stunde später starb eine andere. Ihre letzten Worte galten ihrem Friseur:

»Wie unangenehm, ich habe mich beim Friseur angemeldet und konnte ihm nicht mehr absagen … dabei ist es so schwierig, einen Friseur zu finden … aber ich hatte wirklich keine Möglichkeit dazu.« Das waren ihre letzten Worte.

Am 4. Januar hielt der Zug endgültig. Wo waren wir? In Sibirien? Die Waggontür wurde aufgeschoben. Wir, die Überlebenden, sahen gelb und grau aus. Wir waren verdreckt und verlaust. Zwei Monate hatten wir schlimmer als Tiere vegetiert. Ich bekam von einer Mitgefangenen ein Paar Schuhe: sie konnte sie nicht mehr anziehen, ihre Füße waren total erfroren.

Wir kamen raus in die eisige Kälte. Ich hatte nur mein leichtes, graues Kleid und meinen dünnen Sommermantel. Lastwagen standen für uns bereit, wir wurden darauf verladen, stückweise. Unter der Plane drängten wir uns so eng wie nur möglich aneinander. Als die Wagen endlich hielten, befanden wir uns vor dem großen Eingangstor eines Barackenlagers. Wir wurden in eine dieser Holzbaracken, das Badehaus, geführt. In einem Vorraum mußten wir unsere Kleider zur Desinfektion abgeben. Daneben, im Baderaum, bekamen wir jeder einen Holzzuber zweimal hintereinander mit Wasser gefüllt. Voller Wollust ließ ich das Wasser, nachdem ich mich mit der roten Schmierseife gewaschen hatte, über meinen ausgemergelten Körper laufen; mit dem zweiten Wasser wusch ich mir mein Haar ... Unzählige kleine schwarze Punkte schwammen auf dem seifigen Wasser: Läuse, immer wieder diese Läuse! Wir waren alle erschreckend mager. Ich sah an mir runter und glaubte, den Körper eines zehnjährigen Mädchens zu sehen: keine Brust, keine Schamhaare, keine Regel mehr. Mein Körper glich dem eines verhungerten kleinen Mädchens.

Wieder im Nebenraum, brachte man uns grobleinene Schlafanzüge. Ein Friseur, Gefangener wie wir, schor uns die Köpfe kahl. Man nahm uns das letzte äußere Zeichen unserer Weiblichkeit. Mir liefen ein paar Tränen übers Gesicht, als ich an der Reihe war. Der Friseur bemerkte es, schor mir den Hinterkopf und ließ mir vorn einen kleinen Haarschopf stehen.

»Bind dir ein Kopftuch um, damit die anderen nicht gleich bemerken, daß du noch ein paar Haare hast!« sagte er nur. Dann brachten sie uns in eine Baracke mit einem Gang in der Mitte und doppelstöckigen Pritschen zu beiden Seiten. Wir mußten uns zu dritt auf einen Platz legen, der gerade für zwei ausgereicht hätte. Eva, Maria und ich blieben natürlich zusammen. Durch einen ganz schmalen Gang getrennt, lag neben mir allein auf einer Pritsche das Mädchen, das mir ihre Schuhe gegeben hatte und deren erfrorene Beine bereits anfingen zu faulen. Ihre Schienbeine waren schwarz und eitrig, man konnte durch die Knochen hindurchsehen. Wir drei wechselten jeden Tag unsern Platz, damit jeder einmal auf den warmen Platz in der Mitte kam. Die Innenseite der Eingangstür unserer Baracke war mit Reif beschlagen; wir spürten die Kälte bis ins Innerste.

Am ersten Abend brachten sie uns eine Fischsuppe. Ich habe nie eine so köstliche Fischsuppe gegessen und wollte mir gleich das Rezept merken ... Wir hatten zwei Monate lang von getrocknetem Brot und ein paar Fischgräten gelebt, und dies war die erste warme Suppe!

Die Blechschüsseln, in denen uns die Suppe gebracht wurde, waren aus leeren Konservenbüchsen hergestellt. Man konnte noch die Firma erkennen: »Oskar Meyer, Chicago. Fleischkonserven.«

»Ich muß diesem Oskar Meyer unbedingt schreiben, wenn ich zurückkomme. Er soll wissen, wozu man in Rußland sein ›Einwickelpapier‹ noch gebrauchen kann!« meinte ich zu meinen Freundinnen. Wie oft habe ich noch nach Jahren an diese köstliche Fischsuppe gedacht: Nie wieder hat eine Suppe so gut geschmeckt!

Es gab innerhalb der normalen Baracken natürlich keine Toiletten. Wir mußten oft einen halben Kilometer oder weiter gehen, um dorthin zu gelangen. Hier in diesem Lager war die Latrine – ein Brett mit sechs Löchern – zum Glück nur etwa 100 m von unserer Baracke entfernt. Ich ging hinaus. Trotz des hellen Schnees war es eine stockdunkle Nacht. Ein eisiger Wind wehte. Ich konnte mich kaum dagegen anstemmen. Halb schlafwandelnd kämpfte ich mich vorwärts. Totenstille, nur das Pfeifen des Windes. Die Tür des Aborts war offen, und ich hatte sie kaum hinter mir zugezogen, als sich auch schon eine große Hand auf meinen Mund legte, eine andere umklammerte meinen Arm und drückte mich gegen die gefrorene Abortwand.

Der Mann war stärker als ich. Ich konnte nicht schreien. Er

drückte mich noch fester gegen die Wand, ließ meinen Arm los und versuchte, seine Pranke zwischen meine Beine zu klemmen. In einem Anflug von fast übermenschlicher Kraft gelang es mir, mich trotz meiner Schwäche von dem Kerl loszureißen. Zurück auf meiner Pritsche, fing ich zitternd an zu weinen. Die Barackenälteste wollte wissen, was los sei. Ich habe nie etwas davon gesagt und auch nie erfahren, wer es war.

Sehr bald hatte ich keine Kraft mehr, um meinen Löffel zu halten. Ich wollte nicht mehr. Krepieren, ja, so schnell wie möglich. Da nahm Maria meinen Löffel und fütterte mich wie ein Kind. Ich schämte mich meiner Schwäche; sie war auch nicht besser dran als ich. Wie konnte ich mich nur so gehenlassen! Das Leben geht weiter, es muß weitergehen.

Zwei Wochen lagen wir auf unseren Pritschen. Der einzige Gang nach draußen war der Gang zum Abort, wohin ich nie wieder allein ging. Dann wurden wir, wie immer nachts und mit verdeckten Lastwagen, in ein anderes Lager gebracht: Sangorodok, das Krankenlager für alle um Inta befindlichen Arbeitslager.

Wie auch schon in unserem ersten Lager, kamen wir gleich nach unserer Ankunft in die Badebaracke. In einem Raum mit Holzbänken rechts und links entlang der Wände mußten wir uns ausziehen. Ich hatte nur meinen leinenen Schlafanzug aus dem anderen Lager: Mein leichtes, graues Sommerkleid hatte die Strapazen der Desinfektion nicht überstanden und war in tausend Fetzen zerfallen. Was meinen Sommermantel anbetraf: er hatte den Eigentümer gewechselt …

Der Baderaum glich dem vom ersten Lager: die großen Wasserhähne mit kaltem und warmem Wasser in der Mitte, ein großer Mann als Bademeister daneben; er gab das Wasser aus, zwei Zuber für jede. Wer sehr langes Haar hatte, bekam sogar drei. Mein kleiner Haarschopf gab mir kein Anrecht auf einen dritten Zuber.

Zwei Krankenschwestern, ebenfalls Gefangene, bemühten sich um das Mädchen mit den erfrorenen Beinen. Sie wuschen sie und trugen sie dann in die Baracke für Schwerkranke. Als wir endlich auch in diese Baracke kamen, war sie schon für die Operation vorbereitet, und der litauische Arzt, auch ein Gefangener, amputierte ihr beide Beine unterhalb des Knies.

Maria und ich kamen in das Zimmer neben ihrem, und als wir langsam in unser neues Zimmer traten, waren wir fast geblendet: Seit den Monaten im Waggon hatten wir keinen so hellen, so freundlichen, so sauberen Raum mehr gesehen. Es standen acht Betten mit weißen Laken und hellen Decken im Zimmer, vier Betten auf jeder Seite des Raumes. Sogar Kopfkissen, hellbezogene Kopfkissen, gab es dort. Maria lag im Bett neben mir, zwischen den Betten standen überall kleine Nachttischchen. Und dort, auf dem Nachttisch mir gegenüber steht ein Blumenstrauß! Blumen, sind das Blumen? Unmöglich: es sind kahle Zweige, mit kleinen bunten Wollresten verziert.

Die anderen Mädchen sahen uns neugierig an, uns, die Neuen. Sie redeten auf uns ein, sie redeten untereinander, sie redeten und redeten ... Wir lagen da, sahen sie an und schwiegen: wir verstanden kein Wort. Ich fror allein in meinem Bett. Maria schüttelte sich auch vor Kälte. Ich kroch zu ihr unter die Decke und kuschelte mich ganz eng an sie, wie im Waggon ... und wir sahen, daß wir weinten: so schön war es hier in diesem Zimmer.

Später lernten wir unsere Zimmergenossinnen kennen: Ira, Dunja, Schura, Nadja, Tanja und Katja mit den tätowierten Brüsten, die zu einer organisierten Verbrecherbande gehörte. Sie waren alle vorher in den Lagern um Sangorodok gewesen.

Schura hatte sich das Bein gebrochen. Sie war von einem der vielen Wachtürme gefallen. Sie durfte als Kriminelle statt eines Soldaten auf dem Wachturm stehen. Ira, die Lehrerin aus Leningrad, mit ihren 36 Jahren bereits Großmutter (drei Generationen befanden sich im Gefängnis), war sehr schön, voller Lebenskraft – trotz ihrer Tuberkulose. Sie erzählte uns wundervolle Geschichten und Romane, die sie »im Leben vorher« gelesen hatte. Maria und ich versuchten, ihr die Worte vom Mund und ihrem ausdrucksvollen Gesicht abzulesen, wenn sie mit ihrer wohltönenden Stimme abends erzählte. Wie schön war ihr großes, breitflächiges Gesicht! Einige Worte wiederholten sich, wir behielten sie, versuchten sie unsererseits anzuwenden. Wie groß war meine Freude, als ich zum erstenmal eine ihrer Geschichten vollkommen verstehen konnte! Ich verstand sie nur, wenn ich sie ansah. Noch lange Zeit brauchte ich ihren Gesichtsausdruck zum Verständnis ihrer Worte. Ganz allmählich, ganz behutsam fingen auch wir an zu reden, und alle hörten uns aufmerksam mit weit aufgerissenen Augen zu. Ihr Mitleid war groß, als sie erfuhren, woher wir kamen.

»Wissen eure Angehörigen, wo ihr seid?«

»Nein, niemand weiß, wo wir sind.«

»Habt ihr schon nach Hause schreiben können?«

»Wie sollen wir schreiben, wir haben weder Papier noch Bleistift, noch Briefmarken …«

»Ihr seid ja noch viel ärmer als wir.«

Als es mir etwas besserging, ließ man mich als Sanitäterin in dieser Krankenbaracke arbeiten. Ich konnte weiterhin in dem kleinen Bett auf dem Sack voller Hobelspäne schlafen, hatte eine Decke und ein Kopfkissen. Welch ein Glück!

Der rohe Holzfußboden der Krankenzimmer sowie der breite Korridor, von dem die Zimmer abgingen, mußte täglich blitzweiß gescheuert werden. Ich setzte meine ganze Kraft daran, diese Arbeit gut, schnell und gründlich zu verrichten: ich wollte meinen Bettplatz nicht verlieren. Eines Morgens, als ich den Fußboden eines der Männerzimmer scheuerte – es waren zwölf Kranke in jenem Zimmer –, versuchte einer der Männer, unter dessen Bett ich gerade wischen wollte, meine Brust anzufassen.

»Fassen Sie mich nicht an!« schrie ich.

»Du bist wohl noch Jungfrau, was?«

»Lassen Sie mich los, Sie Schwein!«

Er ließ mich nicht los, und ich klatschte ihm meinen Aufwischlappen ins Gesicht; ich hatte mir nicht erst Zeit genommen, den Aufwischlappen auszuwringen, und das schmutzige Wasser spritzte beim Aufklatschen nur so herum.

»Du verfluchte Hure, du! Ich werde dir beibringen, wie man im Lager leben muß ...«

»Halt die Schnauze, Idiot, und laß mich meine Arbeit weitermachen.«

Er warf sich auf mich, wir rollten beide auf dem Fußboden herum. Die anderen Kranken johlten und bogen sich vor Lachen.

»Ich bring dich um, du deutsche Hure ...«, hörte ich ihn noch hinterherschreien, nachdem es mir gelungen war, mich aus seinem Griff zu befreien, und ich den Korridor entlang zum Frauenzimmer rannte.

»Wenn Sascha sagt, daß er dich umbringt, muß er es auch tun, wenn er nicht selbst von einem Mitglied der Bande, deren Chef er ist, umgebracht werden will. Du kannst unmöglich hierbleiben. Versteck dich auf dem Boden.«

Nadja gab mir diesen Rat, und ich versteckte mich sofort auf dem Boden. Als der Tag sich senkte und die Nacht begann – eine jener hellen, klaren grünlichen Nächte, die den weißen Nächten vorausgehen –, wagte ich, mein Versteck zu verlassen, und verkroch mich in meinem Bett. Kaum war ich trotz meiner Angst eingeschlafen, als mich jemand unsanft an der Schulter rüttelte:

»Steh auf. Pack deine Sachen. Du verläßt Sangorodok für immer.«

Ich zog das schwarze Arbeitskleid, das ich am Vortag empfangen hatte, über meinen Schlafanzug, darüber anstelle eines Mantels eine Wattejacke, schmutzig und voller Löcher, und die hohen Stoffschuhe, deren Spitze und Ferse aus Leder waren, über die bloßen Füße. Wer weiß, wie viele Gefangene diese Jacke schon vor mir getragen hatten, sie stand vor Dreck! Der Soldat und ich, wir verließen Sangorodok und meine Freundinnen wie die Diebe in der Nacht.

Kein anderes Lager wollte mich aufnehmen.

»Wir wollen keine politischen Häftlinge hier …«

»Sie bringen eine 58er? Nein, hier ist kein Platz für Politische …«

Diese und ähnliche Sätze habe ich in jener Nacht mindestens zehnmal gehört. Mein »Begleiter« wurde von Lager zu Lager wütender, während mir immer leichter und fröhlicher zumute wurde: Wenn mich niemand will, muß ich wieder zurück nach Sangorodok.

Am frühen Morgen, noch vor dem Wecken, standen wir wieder vor Sangorodok. Die Einlieferungsformalitäten waren schnell erledigt: Hier hatte man mich ja schon trotz meines 58er-Paragraphen aufgenommen! Als ich zurück in das Zimmer der Frauen kam, haben mich alle umarmt: Nadja, Schura, Ira und all die anderen. Wie glücklich war ich, sie wiederzusehen.

Um das Schlimmste zu verhindern, war es leichter, am selben Tag Sascha, den Banditen, aus Sangorodok wegzuschicken; ihn, den Banditen, nahm man überall auf. Später erfuhr ich, daß Nadja recht gehabt hatte: Die Bandenmitglieder, deren Chef Sascha war, haben ihn tatsächlich umgebracht: mit einem großen Küchenmesser.

In der Nähe von Sangorodok, etwa 800 m entfernt, wurde ein neues Lager gebaut. Wir sahen von weitem, daß die neuen Baracken größer waren als diejenigen, in denen wir in Sangorodok wohnten.

»Für wen wird wohl dieses Lager sein?« fragte ich.

»Für Gefangene wie wir: nicht mehr krank genug, um zu liegen, und dabei doch nicht gesund genug, um in die Kohlenminen geschickt zu werden. So eine Art Erholungslager …«, belehrte mich Ira.

Das neue Lager war noch nicht fertig, als Ira, die anderen und auch ich schon dorthin gebracht wurden. Die Baracken waren kalt und sehr feucht. Wir waren nur 17 Frauen, in einem kleinen Barackenteil untergebracht, in den großen Baracken lagen etwa 2000 Männer … falls man diese Elendsgestalten noch als solche bezeichnen konnte.

Dort traf ich einen österreichischen Baron, der damals mehr tot als lebendig schien. Er war sehr groß, zum Skelett abgemagert und vollkommen demoralisiert. Er kannte die Gestapo am Wiener Schwedenplatz: Er war dort nach dem gescheiterten Hitler-Attentat inhaftiert. Er war so verzweifelt wie ich am Anfang meiner Haftzeit im Gefängnis in Berlin-Lichtenberg. Ich erzählte ihm von meinem Paul-Gerhardt-Lied. Er kannte es nicht. Da hab ich es aus meinem Kleidersaum herausgetrennt und ihm gegeben: er brauchte es jetzt nötiger als ich. Er zitterte vor Kälte. Es mußte mir etwas einfallen, um ihm zu helfen. Schon bald bot sich mir die Gelegenheit: An einem Sonntagmorgen wurde ich mit anderen Mädchen zusammen in die

Wäscherei geschickt, um Schlafanzüge zu flicken. Sonja, die die Wäscherei unter sich hatte, kümmerte sich nicht mehr um uns, nachdem sie uns die zerschlissenen Schlafanzüge hingeworfen hatte. Kein Wunder: ihr Lagermann, ein Krimineller, war aus einem anderen Lager zu Besuch gekommen – Kriminelle hatten solche Privilegien, sie konnten z. B. als Lastwagenchauffeure arbeiten und so mit einem besonderen Ausweis auch in andere Lager gelangen –, und während die beiden in einem kleinen Nebenraum mit sich beschäftigt waren, suchte ich die beste Unterhose aus, die ich finden konnte. Es war eine lange, dicke, innen angerauhte Unterhose. Blitzschnell ließ ich sie im Ärmel meiner Wattejacke verschwinden.

»Ich bin gleich wieder da. Wenn Sonja nach mir fragt, bin ich eben mal rausgegangen …«

»Beeil dich, sie muß jetzt bald kommen!«

Ich ließ den Baron aus seiner Baracke rufen. Er kam sofort. Ich sehe mich um, niemand sieht uns …

»Schnell, verstecken Sie die Hosen, und lassen Sie sie weder sehen noch sich wegnehmen: Wenn man sie bei Ihnen entdeckt, sind wir beide dran!«

Er nahm sie hastig, dankte … und hat überlebt.

Täglich starben mehrere Männer in diesem sogenannten Erholungslager. Ich bekam Typhus. In meinen Fieberphantasien wiederholte sich immer wieder der gleiche Traum: Ich sah die Lesbierin aus dem Waggon, diese Lesbierin, die mich so verflucht hatte, bevor sie starb. Ich sah ihre übernatürlich großen dunkelbraunen Augen in dem hellen, von schlohweißen Haaren umrahmten Gesicht. Sie warf das Fieberthermometer wie einen Pfeil auf mich. Und wieder hatte ich über 40° Fieber. Nadja und Eva haben mich gepflegt. Sie gingen mit mir raus auf den Abort, wo mich immer die tote Lesbierin mit ihrem Speer-Thermometer erwartete …

Endlich kam der Tag, an dem diese Lesbierin nicht mehr mit dem Thermometer auf mich wartete. Das Fieber sank. Ich begann wieder zu leben.

Schwach, mager wie ein Skelett und hungriger denn je, hatte ich das seltene Glück, zur Küchenarbeit eingeteilt zu werden. Ich kam in die Abwaschküche, die sich zwischen der großen Küche und dem Speisesaal befand. Hunderte von schmutzigen Aluminiumschüsseln wurden mir vom Speisesaal her durch ein kleines Fenster zugeschoben, ich mußte sie schnell und sehr oberflächlich waschen, da Grischa, der Koch, bereits darauf wartete, sie für die nächsten Gefangenen zu füllen. Wenn ich diesen Arbeitsplatz, wo ich genug zu essen hatte, behalten wollte, musste ich schnell und lange arbeiten. Zu jener Zeit fiel ich mindestens einmal täglich vor Hunger und Unterernährung in Ohnmacht, doch hatte ich bis jetzt Glück: In der großen Küche hatte keiner etwas davon bemerkt. Ich hatte große Angst, daß man mich wieder aus der Küche entlassen konnte, und meine ganze Krankheit war ja nur der Hunger. Als ich eines Tages nach einer Ohnmacht wieder zu mir kam, sah ich durch einen roten Schleier viele Menschen um mich herum. Ich mußte wohl auf einen der riesigen Kochtöpfe gefallen sein. Überall waren Blutspritzer, aus meiner gebrochenen Nase floß das Blut noch lange. In der Krankenbaracke hat mir der litauische Arzt – ohne Betäubung – die offene Nase genäht. Meinen guten Arbeitsplatz verlor ich natürlich.

V

Die russischen Häftlinge schienen das Lagerdasein leichter zu ertragen als wir, die Ausländer. Gefängnis, Verbannung, Zwangsarbeit sind seit Jahrhunderten Teil des Lebens des russischen Volkes. Jede russische Familie hat oder hatte irgendeinen Verwandten im Gefängnis. Es gibt eine kleine Geschichte, die früher demjenigen, der sie erzählte, zehn Jahre Zwangsarbeit einbrachte: »Man teilt die russischen Menschen in drei Kategorien: diejenigen, die im Gefängnis sind, diejenigen, die aus dem Gefängnis kommen, und diejenigen, die ins Gefängnis kommen werden …«

Die Zahl der männlichen Häftlinge überwog bei weitem die der weiblichen. So kam es, daß jede Frau ihren Lagermann hatte, der sie vor den anderen Männern schützte. Ohne solchen Lagermann war man Freiwild für alle Männer.

Ich lebte mit einem Kosaken, Iwan Iwanowitsch Schestakow, zusammen. Sehr lange ließ er mich glauben, daß er ebenso politischer Häftling sei wie ich. Aber er war von einer solchen Geschicklichkeit, was Stehlen und Betrügen anbetraf, daß ich sehr bald an seinem politischen Paragraphen zweifelte.

Eine Zeitlang arbeiteten wir zusammen in der Krankenbaracke; dann wurde er zum Chef der Badebaracke und der Wäscherei ernannt. Bald danach holte er mich zu sich in die Wäscherei. Eines Tages kommt er lachend angestürmt, sieht sich schnell um, ob wir auch allein sind, und zieht einen immer länger werdenden Stoff aus seiner Hosentasche: ein Kleid!

»Trenn es schnell auf und ändere es«, sagte er lachend. Das war selbstverständlich: Man durfte es ja nicht wiedererkennen!

Ein anderes Mal schleppte er keuchend einen ganzen Kopfkissenbezug voller Fleisch an. Ich dachte, er hätte rote Schmierseife geholt. So war Iwan Iwanowitsch: er hätte alles für mich getan.

Unsere Aufseher übersahen im allgemeinen die Beziehungen zwischen Männern und Frauen im Lager, vorausgesetzt, daß diese Beziehungen beständig waren. Manche der Lagermänner kamen über Nacht in die Frauenbaracke. Selbst das wurde stillschweigend geduldet. Ich mochte das nicht und ging lieber selbst zu Wanja in die Badebaracke. Wie oft haben wir uns geschlagen! Er war rasend eifersüchtig, aber er beschützte mich vor den anderen Männern.

Mitten im Bügelzimmer der Badebaracke stand ein riesiger Wäscheschrank. Links davon war die Tür zur Wäscherei, gegenüber der große Ofen für die eisernen Bügeleisen, daneben, längs der Wand unterhalb des Fensters ein langer, schmaler Tisch zum Bügeln und Wäschezusammenlegen. Zwischen der Rückwand des Schrankes und der Barackenwand, durch einen Vorhang von dem übrigen Zimmer getrennt, standen ein Holzbett, ein winziger Tisch, zwei Hocker: hier schlief Iwan Iwanowitsch. Ich auch manchmal. Wir haben drei Jahre zusammengelebt.

Es war im November. Das Thermometer, das schon immer eine große Anziehungskraft auf mich hatte, zeigte zwischen 35° und 40° Kälte. Wie glücklich war ich, im Lager zu arbeiten und nicht den ganzen Tag draußen in der Kälte zu sein!

Ab und zu kam Iwan Iwanowitsch in die Krankenbaracke, wo ich noch arbeitete – ich wurde erst später zur Arbeit im Bad eingeteilt –, und holte Kranke zum Baden ab. Oder er kam nur, um mich zu sehen. Eines Abends kam er kurz vor der Zählung. Ich sah sofort, daß er vor Wut kochte. Er schlug mich, als hätte er den Verstand verloren. Ich hatte das Kleid, das er für mich gestohlen hatte, an. Es war blaukariert, mit einem langen, bunten Gürtel. Ich hatte ihn mit soviel Freude geflochten: Wo ich nur einen bunten Faden entdeckte, zog ich ihn raus: für meinen Gürtel. Ich wollte, daß er bunt und lustig sei. An jenem Abend hatte Iwan erfahren, daß ich einem ehemaligen Kranken aus Sangorodok, den ich eine Zeitlang gepflegt hatte, durch einen anderen Kranken, der zu ihm ins Lager geschickt wurde, Grüße bestellt hatte. Das genügte, um Iwan rasend vor Wut und Eifersucht zu machen. Er schlug immer mehr auf mich ein. Ich hatte keine Kraft mehr, mich zu wehren. Dabei hätte ich ihn am liebsten umgebracht, wenn ich nur gekonnt hätte. Wie ekelte mich dieses Leben an. Zum Kotzen! Noch acht Jahre so ein Leben? Nein. Ich will nicht mehr. Ich wusch mir das Blut aus dem Gesicht, ließ mich mit den anderen zählen, dann ging ich raus in Kälte und Schnee. Am anderen Ende der Baracke stand eine Leiter, die zum Boden hinaufführte. Ich kannte den Boden gut, man konnte dort allein sein, und ich war schon manches Mal dort oben gewesen, wenn ich mal kein Geschwätz um mich herum hören wollte, daher wußte ich auch von dem großen Nagel. Ich fand ihn ganz leicht im Dunkeln. Mein schöner Gürtel! Ich legte ihn doppelt, denn er sollte halten. Niemand hatte mich hier raufgehen sehen. Vor der nächsten Zählung – morgen früh – wird niemand meine Abwesenheit bemerken. Iwan dachte jetzt sicherlich, daß ich heulend in die Frauenbaracke gegangen sei, dort wiederum fiel meine Abwesenheit bestimmt nicht auf. Wenn es nur nicht so kalt wäre. Ich zittere in meinem Baumwollkleid. Mir ist alles so egal. Sicher, der Gürtel wird halten. Der Nagel auch. Ich bin entschlossen, diesem unwürdigen Leben ein Ende zu machen … und doch, da ist diese Angst, die Angst vor dem Endgültigen, Angst vor der Kälte,

Angst vorm Sterben, Angst vor der gefrorenen Erde, in die man mich verscharren wird, mit dem Birkenholz am großen Zeh, auf dem mein Name steht und darunter »58/6«, die Nummer des Paragraphen dieses merkwürdigen Gesetzes, nach dem ich verurteilt worden war. Wenn nur diese Angst nicht wäre. Sie war größer als meine Verzweiflung, sie war stärker als der Ekel vor diesem Leben. Angst und Kälte bohrten in meinen Brüsten, in meinem Leib und zwangen mich, nach unten zu gehen, in die Wärme der Frauenbaracke.

Am nächsten Morgen ging ich wie immer zur Arbeit in die Krankenbaracke; wie immer kam Iwan Iwanowitsch, holte Kranke zum Baden ab und begrüßte mich lachend, als sei nichts geschehen.

Ich wurde krank. Ich schüttelte mich vor Kälte. Fieber, immer wieder Fieber. In jeder Zimmerecke ein Totenschädel. Sie glotzten mich an und verfolgten mich in meinen Fieberträumen.

Iwan brachte mir täglich Milch und kleine Butterstückchen, die er irgendwo schnell im Vorbeigehen stibitzt hatte. Genauso wie er es schon einmal für mich getan hatte, als ich auch so krank war. Er hat mir das Leben gerettet, ich weiß es wohl … aber niemals habe ich mich wieder schlagen lassen, ohne zurückzuschlagen, was ihn sehr erstaunte.

»Nie wird eine Russin es wagen, ihre Hand gegen den Mann, der sie schlägt, zu erheben«, meinte er.

Das Fieber wich nicht. Ich war sehr lange krank und wurde in eine andere Baracke gebracht. Die Totenschädel, die glotzend in den Zimmerecken hingen, verblaßten langsam, statt dessen sah ich einen leuchtend goldenen Bogen, der einer Brücke gleich zum Himmel führte. Iwan besuchte mich, wie fast alle Tage:

»Weißt du«, sagte er, »ich bin ein Mann, und ein Mann

braucht eine Frau. Ich habe mir eine gesucht, solange du noch krank bist. Ich will nicht, daß du es von anderen erfährst, darum sage ich es dir. Aber ich sage dir auch, daß du meine rechtmäßige (er sagte: ›gesetzliche‹) Frau bist, und ich ziehe dich der anderen vor.«

Wie gleichgültig war mir das doch!

Einige Tage später weckte mich Marlene, die in der Baracke, in der ich jetzt lag, als Schwesternhelferin beschäftigt war, und hielt mir eine Zigarette vor die Nase, eine selbstgedrehte natürlich: ein Stück Zeitungspapier, von der »Prawda« am besten, mit Machorka gefüllt.

»Versuch doch mal, wieder zu rauchen. Vielleicht schmeckt sie dir!«

Marlene hatte recht. Ich mußte es einfach mal wieder versuchen. Ich nahm die Selbstgedrehte und sie schmeckte! Um die andern Kranken nicht zu stören, blies ich den Rauch unter die Bettdecke; wohin aber mit der Asche? Da fällt mein Blick auf eine kleine Oskar-Meyer-Büchse, die neben dem Bett meiner Nachbarin, einer nicht mehr ganz jungen Frau, steht. Das ist genau das, was ich suche. Kaum ließ ich die Asche hineinfallen, als mich meine Nachbarin auch schon wütend anfuhr:

»Was bildest du dir eigentlich ein, du alte Schlampe, du! Habt ihr solche Frechheit schon gesehen? Kaum ist sie reingeschneit, da glaubt sie, daß sie sich hier alles erlauben kann!«

»Warum regen Sie sich eigentlich so auf? Was ist denn schon dabei, wenn ich Ihren Aschenbecher benutze?«

»Was sagen Sie? Aschenbecher? Habt Ihr das gehört? Sie nennt das hier Aschenbecher. Meine Büchse, in der ich sorgfältig den Auswurf einer ganzen Nacht gesammelt habe, damit der Dreck zur Analyse ins Labor gebracht wird. Und du, Idiot, wagst es, deine Zigarettenkippe reinzuschmeißen.

Jetzt kann ich mit der Spuckerei wieder von vorne anfangen.«

»Oh, Verzeihung! Ich konnte wirklich nicht wissen, daß der Dreck in Ihrer Büchse für das Laboratorium bestimmt war. Sie täten besser daran, Ihre Büchse das nächste Mal mit einem Etikett zu versehen, damit man in Zukunft nicht in Versuchung gerät, eine Oskar-Meyer-Labor-Büchse für einen Oskar-Meyer-Aschenbecher zu halten.«

Sie sah mich erstaunt an, und wir lachten beide schallend.

»Ich heiße Valentina Semionowna, Valja für meine Freunde. Und du?«

»Emma Pawlowna. Meine Freunde nennen mich Emotchka.«

»Woher kommst du, du hast einen komischen Akzent?«

Ich sprach damals schon gut genug Russisch, um mich verteidigen zu können, meinen Akzent jedoch habe ich nie verloren.

Ich nannte ihr den Namen meiner Vaterstadt.

»Bist du Jüdin oder Deutsche?«

»Warum?«

»Weil dein Russisch so klingt, wie die Juden es hier sprechen.«

»Das hat mir bisher noch niemand gesagt!«

»Zu wieviel Jahren bist du verurteilt?«

»Zu zehn Jahren. Und du?«

»Ich habe auch zehn Jahre, aber ich sitze schon sieben Jahre. Seit wann sitzt du?«

»Seit 1945.«

Ich saß damals gerade zwei Jahre, acht Jahre lagen noch vor mir. Sie hatte nur noch drei Jahre abzusitzen. Schließlich wurden es noch vier Jahre. Ein Jahr mehr oder weniger im Gefängnis, was bedeutet das schon für die, die frei sind!

»Du mußt noch sehr viel lernen, wenn du überleben willst!«

»Ich weiß. Aber zuerst will ich Russisch so lernen, daß man mir nicht gleich die Ausländerin anmerkt. Außerdem möchte ich unbedingt schreiben und lesen lernen. Wie kann man das hier nur machen?«

Es war uns verboten, Papier oder Bleistift zu besitzen. Sie hatten Angst, daß ein auf ein Stückchen Papier gekritzeltes Wort bereits der Beginn einer Verschwörung gegen sie sei! Außerdem gab es unter dem Wachpersonal so viele Analphabeten, daß es peinlich für diese war, etwas zu finden, was sie nicht lesen konnten. Einmal, sehr viel später, hat eine Aufseherin ein Gedicht bei mir gefunden, das ich aus einem Lermontow-Band abgeschrieben hatte. Sie hielt das Blatt in der Hand, wie ich als Vierjährige die Zeitung meiner Mutter gehalten habe: man hätte kopfstehen müssen, um sie zu lesen.

»Gestatten Sie?« näherte ich mich ihr, nahm ihr das Blatt aus der Hand, drehte es um und gab es ihr wieder zurück. Rot vor Wut, lief sie schnell aus unserer Baracke, begleitet von unserem lauten Hohngelächter.

Aber im Augenblick mußte ich erst einmal lernen.

Valja hatte eine Engelsgeduld mit mir. Sie konnte zwar nicht Deutsch, hatte jedoch das lateinische Alphabet gelernt und brachte mir so die kyrillische Schrift bei. Jeden Tag gab sie mir ein paar Stunden Unterricht. Wir hatten für uns beide zusammen einen winzigen Bleistift und einige Seiten Schreibpapier, ausgerissen aus einem Heft, als dessen Besitzerin gerade mal rausmußte.

Im Sommer 1954, ich saß schon das zehnte Jahr, hat sich die Regierung entschlossen, Schulen in den Arbeitslagern einzurichten und russische Sprachkurse für In- und Ausländer zu geben. »Besser spät als nie«, sagte ich mir und war glücklich, wieder auf der Schulbank zu sitzen, Papier und Bleistift zu erhalten und wieder zu lernen. Aber vorläufig mußte ich eben heimlich mit Valja, meiner Freundin, arbeiten, die so krank war und uns doch noch abends lange Gedichte aufsagte oder Romane erzählte. Sie konnte den ganzen »Eugen Onegin« von Puschkin auswendig; von ihr habe ich auch die ersten Lermontow-Gedichte gelernt.

In jedem der vielen Lager, in denen ich im Verlauf meiner zehnjährigen Haftzeit war, gab es eine Bibliothek: ein ruhiger, angenehmer, oft sehr kleiner Raum, wo Rauchen und Reden verboten waren. Man konnte dort Übersetzungen aus dem Englischen, besonders von Dickens, finden; außerdem gab es russische Ausgaben französischer Schriftsteller wie Mérimée, Maupassant, Anatole France oder Victor Hugo. Übersetzungen aus dem Deutschen traf man selten. Ich habe nur einen Heinrich-Heine- und einen Schiller-Band gefunden.

Das kulturelle Leben im Lager beschränkte sich jedoch nicht nur auf Bücher. Einmal im Monat führte man uns im Speisesaal einen Film vor. Meistens handelte es sich hierbei natürlich um russische Filme; es wurden aber auch ungarische, tschechische oder polnische Filme gezeigt. Der schönste aller Filme jedoch, den ich im Lager gesehen habe, war der »Graf von Monte Christo« in französischer Originalfassung. Diesen Film habe ich mir fünfmal angesehen, was gar nicht so einfach war: Der Speisesaal war viel zu klein, um uns alle auf einmal zu fassen, man ging also barackenweise. Fünf Abende lang »wohnte« ich jeden Abend in einer anderen Baracke. Ich hatte Glück, keiner der Aufseher hat meine List bemerkt!

Jedes Lager hatte eine sogenannte »Kultur-Brigade«, der

zum großen Teil Berufsschauspielerinnen, -sängerinnen oder -tänzerinnen angehörten. Wir hatten Glück und konnten uns an dem tänzerischen Können, an der Anmut und Grazie von Tamara V., der ehemaligen Primaballerina an der Kiewer Oper, erfreuen. Viele junge Mitgefangene sind von ihr während ihrer Haftzeit zu Tänzerinnen ausgebildet worden. Es war dank der Künstler, die mit uns im Lager waren, möglich, ganze Opern wie z.B. Bizets »Carmen« oder den »Faust« von Gounod auf die Bühne zu bringen. Wir, das Publikum – und ich glaube, es hat nie ein dankbareres Publikum gegeben –, waren begeistert. Diese Künstler hatten keine Partituren, sondern schrieben die Noten aus der Erinnerung selbst. Die Instrumente beschränkten sich auf eine Geige, ein paar Gitarren, eine Ziehharmonika, manchmal auch noch eine Mundharmonika. Für uns aber waren diese Konzert- oder Opernabende märchenhaft schön. Wir waren plötzlich in einer anderen Welt, das Häftlingsdasein fiel für kurze Zeit von uns ab. Diejenigen unter uns, die besonders geschickt waren, halfen bei der Herstellung der Kostüme und der Kulissen, die mit mehr Phantasie als Material aus farbigem Papier, gefärbten Leintüchern, alten Stühlen oder Tischen gebastelt wurden.

Ostern! Russische Ostern. Valentina Semionowna lud mich ein. Wie ist das möglich? Sie bekommt keine Pakete, kann nicht mehr arbeiten, und sie lädt mich ein? Sie war noch ärmer als wir, die Deutschen. Niemand schrieb ihr, niemand … Und doch hatte sie an jenem Osterfest etwas, was sie mit mir teilte. Auf dem kleinen Nachttisch neben ihrer Pritsche lag ein buntbesticktes, leuchtendes Deckchen, wie man sie in Rußland häufig sieht. Darauf lagen zwei riesige Zwiebeln, ein Stück Brot – es war mindestens ein Pfund – und in einer Oskar-Meyer-Schüssel glänzte ein fetter Hering. Woher sie dies wohl alles hatte? Ich habe es nie erfahren. Sie teilte dieses Ostermahl mit mir und tat es mit anmutigen, höflichen, großzügigen und doch zarten Gesten, die für die Gastfreundschaft ihres Volkes typisch sind. Was sie anbot, war unwichtig, doch wie sie es anbot, ist mir unvergeßlich. Sie hat mich zu einem Festmahl eingeladen und bewirtete mich wie eine Königin.

Ich hörte nicht auf, von Valja zu lernen. Eines Tages, nach vielen Wochen, die sie im Bett verbracht hatte, wurde ihr erlaubt, wieder aufzustehen. Lang und dünn stand sie mitten im Krankenzimmer. Sie hatte sich nicht gewaschen, ihre langen, schon ergrauten, strähnigen Haare hingen wirr um ihr bleiches Gesicht, das Spuren des nahenden Alters trug. Wir hielten sie alle für tuberkulös. Sie schien viel kränker als alle anderen zu sein. An jenem Tage wurde eine Inspektion aus Moskau erwartet. Mir ging es schon sehr viel besser, und sofort nach dem Aufstehen ging ich raus, um mich zu waschen.

»Wer kann mir einen Kamm borgen?« fragte ich, als ich zurückkam. Und dann:

»Willst du dich nicht auch waschen, Valja?«

»Ich will dir mal was sagen, Emotschka. Wenn du dich wäschst und kämmst, fühlst du dich wohl und siehst auch wohl aus. Das gibt deinen lieben Mitgefangenen Grund zur Eifersucht. Dann kommen die Ärzte und die Herren von der Inspektion und finden das Aussehen eines politischen Häftlings viel zu gut, als daß sie dich noch länger im Krankenhaus ließen ... und schon mußt du wieder raus auf ›Allgemeine Arbeit‹. Wenn du jedoch so aussiehst wie ich jetzt: bleich, schmutzig, ungepflegt, beachtet dich niemand. Ärzte, Inspektionen, Mitgefangene, alle sind sie zufrieden, dich schwach und verkommen zu sehen. Auf diese Weise kannst du vielleicht Glück haben und noch länger in der Krankenbaracke bleiben.«

Sie hatte recht, hundertmal recht!

»Ich will Dir noch etwas sagen«, fuhr sie fort, »es kommt der Tag, an dem du nicht mehr arbeiten kannst; du bist erschöpft, müde, aber kein Arzt schreibt dich deswegen krank, dabei brauchst du ein paar Ruhetage, wenn du überleben willst. Das ist dann der Augenblick, wo du dir selbst helfen mußt.«

Und dann zeigte sie mir, wie ich mir helfen konnte. »Du kannst dir Furunkel machen, ohne daß der Arzt bemerkt, daß du sie selbst ›gemacht‹ hast. Du brauchst dazu nur eine Nadel. Du nimmst die Nadel und kratzt dir den Belag von den Zähnen. Dann stichst du dich mit der so infizierten Nadel ins Bein oder in den Arm, ganz egal wohin, bis es blutet. Das ist alles. Ein paar Tage später hast du das schönste und größte Furunkel der Welt und kannst tagelang in der Baracke bleiben; denn ein Furunkel sieht man, deine Müdigkeit aber nicht, verstehst du? Oder wenn du in die Krankenbaracke kommen willst, brauchst du nur einen Becher voll Machorka-Aufguß zu trinken. Die Folgen sind verheerend, aber sehr wirksam. Man übergibt sich, bekommt Durchfall und hohes Fieber ...«

»Hast du das alles schon mal ausprobiert?«

»Selbstverständlich, sonst wär' ich nicht mehr hier!«

Sie erzählte mir auch, was man mit einer Spritze und etwas Milch anstellen kann. Dieses »Verfahren« ist jedoch ziemlich gefährlich. Wir haben es später einmal ausprobiert. Im Laufe der zehn Jahre hatte ich mindestens ein Dutzend Furunkel. Immer, wenn ich nicht mehr konnte, tauchten bei mir urplötzlich Furunkel auf. Kein Arzt kam auf den Gedanken, daß es sich um »selbsthergestellte« Furunkel handelte, und immer konnte ich ein paar Tage in der Baracke bleiben.

»Noch etwas: Tu immer das Gegenteil von dem, was der

Arzt dir sagt: wenn man dir heiße Umschläge verordnet, machst du kalte und umgekehrt. Verstehst du?«

Ich verstand sofort und war eine gelehrige Schülerin. Der Beweis hierfür ist mein kleiner Finger, den ich mir geklemmt hatte und dessentwegen ich über einen Monat in der Baracke bleiben konnte: man hatte mir warme Umschläge verordnet, und ich steckte den Finger in den Schnee …

»Warum bist du eigentlich hier? Was hast du schon verbrechen können?« fragte mich Valentina wieder und wieder.

»Ich weiß wenigstens, warum ich sitze, aber du …«, fuhr sie dann fort.

Tatsächlich war sie eine von den wenigen Russinnen, die ich in den zehn Jahren getroffen habe, die den Grund ihrer Verhaftung kannten: Sie hatte einer antisowjetischen Gruppe angehört. Sie sagte weiter:

»Was habt ihr Deutschen bloß gemacht? Nach der Besetzung der Ukraine und dem Vormarsch in Rußland hattet ihr alle Trümpfe in der Hand. Doch statt die Bevölkerung sanft zu behandeln und dadurch ganz für euch zu gewinnen, habt ihr das Gegenteil getan: Ihr habt dem Volk Angst und Schrecken eingejagt, ihr habt es deportiert, gefoltert, erschossen. Ihr habt das Volk nicht besser behandelt als vor euch die Sowjets. Und wir, wir haben so auf euch gewartet … Das Volk weint hier, dort … überall.«

Wieviel Bitterkeit und Enttäuschung verrieten diese ernsten Worte. Es war nicht leicht, ihr klarzumachen, daß es früher oder später zu einer solchen Enttäuschung gekommen wäre und daß die spätere Enttäuschung noch bitterer gewesen wäre. Wir diskutierten ganze Nächte hindurch.

Wochen waren vergangen. Ich hatte immer noch Fieber. Valja auch. Das war ganz einfach: Unter den elf Kranken in unserem Zimmer gab es immer mehrere Fieberkranke, die morgens und abends beim Fiebermessen mehrere Thermometer unter die Achsel klemmten und sie uns, bevor die Schwester kam, zurückgaben.

»Wie hoch soll dein Fieber heute abend sein, Valja?«

»Ich glaube, es ist besser, mal wieder etwas höheres Fieber zu haben, vielleicht 38,5.«

»Und du, Emotschka, wieviel willst du heute haben?«

»Ich will heute gar kein Fieber haben, ich muß zu Wanja gehen. Er kommt nur noch unregelmäßig; ich darf nicht mehr lange Fieber haben!«

»Du hast ganz recht«, meinte Valja, »laß dir deinen Platz nicht von der anderen wegnehmen.«

Noch am gleichen Abend ging ich zum erstenmal seit Monaten in die Wasch- und Badebaracke. Und da saß sie, die andere, auf meinem Platz neben Iwan. Daß sie neben ihm saß, hätte ich mir noch gefallen lassen, aber wie sie dasaß und lachend mit ihm aus einer Schüssel aß ... das ging zu weit. Sollten sie ruhig zusammen schlafen, was scherte es mich, aber den nur mir zustehenden Platz einnehmen, nein und nochmal nein! Wie sie beide lachten, als sie mich da mit der Decke über Kopf und Schultern stehen sahen, unter der die Pyjamahosenbeine hervorsahen, und an den Füßen die viel zu großen Filzstiefel ...

Ich stand rechts neben dem großen Ofen, auf dem die Bügeleisen gewärmt wurden. Langsam nahm ich eins in die Hand, schwang es hin und her und näherte mich diesem höhnisch lachenden Flittchen. Sie sah mich an, dann das Eisen ... ihr Lachen verstummte.

»Du siehst ganz richtig, da bin ich und jetzt Schluß hier. Mach sofort, daß du rauskommst, und laß dich nicht mehr hier sehen!« schrie ich sie an und schwenkte das heiße Eisen vor ihrem entsetzten Gesicht hin und her.

»Was willst du denn, ich gehe ja schon. Ich hab' doch gar nichts getan, nicht wahr, Iwan?«

Iwan war froh, daß ich die Sache in die Hand genommen hatte, und schwieg. Die andere verließ hastig das Bügelzimmer und erzählte überall, wie gefährlich es sei, mit Iwan Iwanowitsch anzubändeln: man liefe Gefahr, von seiner Frau mit einem heißen Bügeleisen geschlagen zu werden.

Jetzt lachte ich!

Als ich endlich aus der Krankenstation entlassen wurde, konnte mich Wanja nicht sofort in der Waschküche unterbringen. Ich bekam, dank seiner Beziehungen, eine Stelle als Barackenälteste in der Frauenbaracke. Morgens fing es an mit Wasserschleppen: sechs 10-Liter-Holzeimer, dann Holzhacken und Blechofenheizen. Wenn alle Frauen die Baracke verlassen hatten, ging die Scheuerei los: Mit einem feinen Drahtknäuel rieb ich so lange mit dem bloßen Fuß auf den Holzdielen, bis diese fast weiß und meine Füße von dem feinen Draht ganz zerstochen waren. Dann Schmutzwasser raustragen und weit hinter der Baracke ausgießen, Holz sägen und hacken, damit der Blechofen nicht ausging. Dann wieder Wasser holen. Ich war gerade fertig mit dem morgendlichen Scheuern, als eines schönen Tages der Lagerchef in Begleitung mehrerer Offiziere eintrat.

»Wieviel seid ihr hier?« fragte einer von ihnen.

»22 Frauen. Davon sind 15 zur Arbeit, drei sind krank und vier hatten Nachtschicht.«

»Name und Vorname?«

»Goldacker, Emma Pawlowna.«

»Paragraph und Strafe?«

»58/6. 10 Jahre.«

Der Offizier, der mir diese Fragen gestellt hatte, drehte sich wütend zum Lagerchef um und herrschte ihn an:

»Wie ist es möglich, daß diese Frau hier innerhalb des Lagers arbeitet? Eine Politische, noch dazu eine Deutsche, und eine so leichte Arbeit? Raus mit ihr aus dieser warmen, sauberen Baracke! Auf allgemeine Arbeit mit ihr, in die Tundra, auf den Bau, zum Eisenbahnschienenlegen, ganz egal wohin, nur raus mit ihr!«

Am nächsten Morgen verließ ich zusammen mit einer Männerbrigade das Lager. Ich ging in den Wald zum Bäumefällen, wir legten Eisenbahnschienen, dann wieder schickten sie mich auf den Bau, und wieder in den Wald, und als der Sommer kam, begann die Heuernte in der Tundra.

Als ich am Abend hörte, daß meine Männerbrigade und ich am nächsten Tag zur Heuernte gehen sollten, war ich ganz begeistert. Herrlich! Heuernte, das ist keine schwere Arbeit. Als junges Mädchen hatte ich schon mal bei einer Heuernte geholfen, und ich erinnerte mich noch sehr gut daran, wie lustig es war. Am nächsten Morgen zog ich los, unbeschwert, unbekümmert, leise vor mich hin trällernd: »Geh aus, mein Herz, und suche Freud ...« Wieder ein Paul-Gerhardt-Lied, das ich in der Schule gelernt hatte. Ich war glücklich zu leben und ging in den Sommermorgen hinein, als machten wir heute einen Ausflug. Ich wusste bis dahin nicht, daß die Tundra im Sommer Tummelplatz unzähliger winziger Fliegen und Mücken ist, die in Augen, Nase, Mund und Ohren, in jede kleinste Öffnung zwischen Kleid und Körper eindringen. Ich verschluckte sie beim Atmen, sie saugten mich aus. Als ich abends in die Baracke zurückkam, konnte ich meine angeschwollenen Augen kaum noch aufhalten ... Am nächsten Morgen mußten wir wieder hinaus. Die Gesichter der Männer waren bis zur Unkenntlichkeit angeschwollen. Sie waren alle sehr freundlich zu mir. Schon am ersten Tag hatten sie bemerkt, daß ich noch nie eine Sense in der Hand gehalten hatte ... und haben für mich gemäht.

»Weißt du, du kannst Pilze für uns suchen, wenn du willst.«

»Pilze?« entgegnete ich, »ich kenne nur Pfifferlinge, allenfalls noch Steinpilze, die findet man in der Umgebung von Berlin.«

»Hier oben brauchst du keine Angst vor giftigen Pilzen zu haben, du nimmst, was du findest: sie sind alle eßbar.«

»Ist das wahr?«

»Wenn ich es dir doch sage.«

»Gut«, antwortete ich zögernd und durchaus nicht überzeugt, daß das, was er eben gesagt hatte, auch tatsächlich stimmte. Trotzdem begab ich mich auf die Suche dieser merkwürdigen, ungiftigen Pilze. Und wie viele es gab! Riesige, herrlich aussehende Pilze, doch alle waren sie voller Wasser. Wie sollte das auch anders sein, dort oben in der morastigen Tundra. Und Beeren fand ich auch in Unmengen: gelbe und halbrote, brombeerähnliche Beeren oder kirschgroße Heidelbeeren, richtige Prachtexemplare … voller Wasser, ohne jedes Aroma.

Als wir dann später alle um das rauchende Feuer saßen – wir legten nasses Holz nach, damit der Rauch die Fliegen vertrieb –, teilten wir meine »Ernte« miteinander. Am ersten Abend habe ich meinen Anteil einer Schwangeren gegeben, die Pilze essen wollte. Sie gab mir etwas Butter dafür (werdende Mütter bekommen vom 3. bzw. 4. Monat an Butter- und Milchzuteilungen). Am nächsten Morgen war die Frau, die so heißhungrig meine Pilze gegessen hatte, noch am Leben, sie lachte und war bei bester Gesundheit. Auch die Männer, die mit mir zusammen arbeiteten, zeigten keinerlei Vergiftungserscheinungen … Die nächsten Pilze habe ich selbst gegessen: ich hatte ja sogar schon etwas Butter! Im September gingen die elf Männer und ich immer noch zur Heuernte. Wir waren wie seit dem ersten Tag vollkommen verschwollen von all den Insektenstichen. Hungrig waren und blieben wir trotz der zusätzlichen Ernährung in Form von Pilzen und Beeren. Wie schon seit Wochen, so verließ ich auch an jenem Morgen meine Männerbrigade, um Pilze und Beeren zu suchen, nachdem wir an unserer Arbeitsstelle angekommen waren.

Ich schlenderte los, meinen Beutel in der Hand, in dem ich ein Stück Trockenbrot, etwas Machorka und Papier, zwei Streichhölzer und sogar etwas »Reibfläche« von einer Streichholzschachtel hatte. Es kam nicht oft vor, daß ich für einen langen Tag draußen so gut vorgesorgt hatte: ein Stück Brot war genau solche Seltenheit wie der Machorka und das Papier. Ich ging mit gesenktem Kopf, immer nach Pilzen und Beeren Ausschau haltend. Wie viele Kilometer hatte ich schon zurückgelegt? Die Luft war nicht mehr so heiß und dampfend wie im August, die kleinen, quälenden Fliegen hatten sich auch schon etwas beruhigt. Ich fröstelte in meinen niedrigen, vollkommen durchnäßten Stoffstiefeln … »Es muß schon ziemlich spät sein. Wo wohl die Männer sind? Ich kann das Geräusch der Sensen gar nicht mehr hören«, denke ich und bleibe plötzlich stehen.

Ich stehe allein in der Tundra. Ganz weit hinten am Horizont scheint der Wald zu sein. Um mich herum nichts als feuchte, feindliche Tundra. Wie kann ich meine Brigade wiederfinden? Soll ich sie überhaupt wiederfinden? Wenn ich einfach weitergehe, immer weiter in die Tundra hinein, vielleicht komme ich lebend durch. Ich habe immer noch ein Stück von dem Trockenbrot bei mir. Ich wollte es abends am Feuer essen, bevor wir den langen Rückweg zum Lager antreten. Mit dem einen Streichholz, das ich sorgfältig aufgehoben habe, kann ich mir ein Stück Watte aus meiner Wattejacke anzünden und dann langsam schwelen lassen – wir hatten das oft gemacht, um den ganzen Tag Feuer zu haben. Ich wäre frei, frei … Wie lange eigentlich? Die Komis (die Eingeborenen dieser nördlichen Sowjetrepublik) kannten die Tundra gut, sie durchquerten sie mit ihren Rentierherden. Für jeden entflohenen Gefangenen, den sie verrieten, bekamen sie eine Belohnung von ungefähr 50 Rubel. Diese wieder eingefangenen Flüchtlinge lagen dann morgens, wenn wir zur Arbeit rausgingen, neben dem großen Tor, damit jeder sah, wie sie zugerichtet waren, blutüberströmt, mit eingeschlagenem Schädel … Aber sie waren als Freie gestorben …

Soll ich weitergehen? Nur um zu sterben? Um mich wie einen räudigen Hund erschlagen zu lassen? Wohin soll ich eigentlich gehen? Die feuchte Septemberluft roch schon nach Schnee. Ich schrie und pfiff, so laut ich konnte; ich blieb stehen und hoffte, daß man mich noch vor hereinbrechender Nacht findet, damit ich mit meinen Freundinnen zusammen die Abendsuppe in der warmen Baracke essen kann, damit ich dieses Leben, das ich so liebe, dieses so unwürdig erscheinende Leben weiterleben kann … Ich pfiff und schrie immer lauter. Und da endlich sah ich ganz klein am Horizont unseren Aufseher. Ich lief so schnell ich konnte auf ihn zu, am liebsten wäre ich ihm um den Hals gefallen. Er machte gar nicht so den Eindruck, als teilte er meine Freude, ganz im Gegenteil! Wütend fuhr er mich an:

»Elende Hure, du, ich suche dich schon seit ein paar Stunden, und jetzt, da ich dich hier endlich erwische, weiß ich nicht mehr, wo eigentlich die Männer sind.«

»Hören Sie, ist das nicht das Pfeifen des Zuges? Als ich die Männer zuletzt sah, waren sie in der Nähe der Eisenbahnlinie.«

»Sie sind noch immer dort, ich hoffe es jedenfalls. Mach schnell, los, komm jetzt.«

»Warten Sie auf mich, ich kann nicht über diesen breiten Bach springen, durchwaten kann ich auch nicht ohne Gummistiefel, so wie Sie es machen. Wollen Sie mir nicht helfen?«

»Sonst noch was? Denkst du vielleicht, daß ich dich rübertrage?«

»Genau daran habe ich eben gedacht, das geht am schnellsten … Und Sie haben es doch eilig, ich nicht!«

Und er hat mich über den Bach getragen! Ich hatte Mühe, mein Lachen zu verbergen.

Die Männer warteten schon auf uns; sie waren sichtlich zufrieden, ihren Aufseher und mich wiederzusehen, und gemeinsam machten wir uns auf den Weg, wie die Schafe, zurück in ihren Stall … Der Zug, der uns die Richtung gewiesen hat, kam hier nur jeden zweiten Tag vorbei. Er hielt in der Nähe der Kohlenschächte und wurde von Gefangenen mit Kohle beladen. Oft stimmte die Zahl der Häftlinge nach Abfahrt des Zuges nicht mehr: wieder einer, der sich das Leben genommen hatte … und mich hat sein Pfeifen gerettet.

Endlich konnte ich wieder im Warmen arbeiten: Iwan Iwanowitsch war es gelungen, mich von der Männerbrigade loszueisen und wieder in der Waschküche anzustellen. Fast ein Jahr lang hatte ich Tag für Tag draußen gearbeitet.

»Weißt du das Neueste, Iwan?« fragte Wassilij.

»Nein, was soll schon sein? Daß du die Taschen mal wieder voller Machorka hast und nichts abgeben willst, das weiß ich wohl!«

»Red doch keinen Unsinn, es ist etwas ganz Ernstes: Die Politischen werden nach Nowaja Semlja abgeschoben und werden dort in Ketten gelegt …«

»Du bist ja verrückt, hast mal wieder vollkommen falsch verstanden: Die Kriminellen werden freigelassen, hier in den Lagern in Inta bleiben nur die Politischen.«

»Das ist nicht wahr. Die Politischen bekommen Ketten an die Füße, das steht fest, und deine Frau wird ebenso wie alle anderen weggeschickt und in Ketten gelegt.«

»Hör endlich auf, du Esel. Ich glaube kein Wort von deinem Gerede. Hast du nicht gesehen, wie sie hier nebenan OP umgebaut haben?«

»Ja, ich habe auch gehört, daß das für uns sein soll, was sie da in OP machen«, mischte ich mich in die Unterhaltung. Ich hatte beim Eintreten in das Bügelzimmer, wo die beiden Männer mit den Beinen baumelnd auf dem Bügeltisch saßen und zusammen eine Selbstgedrehte rauchten, gerade noch den letzten Satz gehört.

Jeden Tag kursierten neue Gerüchte; täglich verstärkte sich die Gewißheit, daß uns eine einschneidende Veränderung unseres Lagerlebens bevorstand. In OP wurden neue Baracken gebaut; innerhalb des Lagers selbst sah man deutlich drei etwas abseits stehende Baracken in einer Umzäunung.

»Das ist das neue Frauenlager«, konnte sich Wassilij nicht enthalten zu bemerken. Ihm bereitete es offensichtlich großes Vergnügen, uns mit diesen schlechten Nachrichten zu erschrecken.

»Was macht das schon? Wir können uns auch durch den Zaun unterhalten, nicht wahr, Wanja?«

»Wer hat dir denn gesagt, daß ich mit den Politischen zusammen auf Etappe gehe?«

»Wie? Du hast doch immer gesagt, daß du auch ein Politischer bist …?«

»Ja, sicher, gesagt habe ich das schon, aber siehst du …« Er verwickelte sich in eine nicht enden wollende Lügengeschichte, die ich schließlich durch lautes Lachen unterbrach. Schon lange waren mir ja Zweifel an seinem politischen Paragraphen gekommen: die Schnelligkeit, die Geschicklichkeit, die er beim Stehlen und kleinen Betrügereien entwickelte, hätte kaum ein Politischer nachahmen können!

»Bist du mir böse, Emotschka?«

»Nein, durchaus nicht. Was ändert das schon?«

»Läßt du mir deinen Ring hier, wenn du weggeschickt wirst?«

»Meinen Ring? Nein, niemals. Er gehört mir und wird mir immer gehören.« Iwan hatte mich schon so oft um den Ring gebeten. Er wußte nichts von Serge, ich hatte mich gehütet, je etwas davon zu erwähnen, aber instinktiv fühlte Iwan, daß mein ganzes Herz an diesem Ring hing. Einmal hatte er mir einen Kompromiß vorgeschlagen: »Du trägst ihn eine Woche lang und dann gibst du ihn mir für eine Woche. Einverstanden?«

»Nein, Wanja. Ich gebe ihn nie her, nicht einmal für eine Woche.«

Wanja brachte mir einen – gestohlenen? – Koffer an, einen schwarzen Holzkoffer. Der Deckel trug innen folgende Inschrift von seiner Hand: »Schestakowa Emma Pawlowna« – so hatte er mir seinen Namen gegeben; darunter stand: »Ich werde immer auf dich warten.«

»Danke, Wanja … Auf Wiedersehen!«

»Auf Wiedersehen, Emotschka! Laß mir doch deinen Ring hier, bitte …«

»Nein. Niemals. Du weißt es ganz genau. Auf Wiedersehen …«

Da standen wir alle bereit, durch das große Tor das altbekannte Lager zu verlassen. Die Männer waren wie üblich schon vor uns Frauen rausgeführt worden und warteten draußen, von Hunden und Soldaten gut bewacht.

Wir werden namentlich aufgerufen, und als die letzte mit »Hier« geantwortet hat, wird das große Tor wieder geöffnet, wir schieben uns durch, und hinter uns wird das Tor von Sangorodok geschlossen. Wir bewegen uns langsam auf das umgebaute OP-Lager zu.

»So ist es also doch wahr. Die Neubauten dort in OP waren für uns, die Politischen«, sagte Eva.

Ich antwortete nicht. Meine Gedanken waren bei Iwan Iwanowitsch.

»Wie merkwürdig«, dachte ich, »es ist noch gar nicht lange her – damals, als wir zum erstenmal von dieser Trennung gesprochen haben –, da war ich froh und glücklich bei dem Gedanken, endlich von diesem Mann getrennt zu werden, mich endlich nicht mehr mit ihm schlagen zu müssen, ihn los zu sein ... für immer. Und jetzt ...?«

Von weitem sehen wir schon die neue Umzäunung von OP: zwei Stacheldrahtreihen mit einem Zwischenraum von etwa 3 Meter hatten den alten Bretterzaun ersetzt.

»Wie die Konzentrationslager der Nazis«, dachte ich. Und dann: »Vielleicht ist dieser Zaun unter Hochspannung? Aber nein, sicherlich nicht. Es wäre zu bequem für die Politischen, sich auf diese Weise das Leben zu nehmen.«

Wir halten vor dem neuen Lager. Der Anmarsch hat gar nicht lange gedauert, aber vor dem Tor müssen wir endlos lange warten, bis erst alle Männer bis aufs letzte durchsucht worden sind.

»Sie nehmen uns alles weg, was wir noch haben. Die leeren Koffer lassen sie uns gerade noch!« sagte Ira, die Lehrerin aus Leningrad. Voller Sorge dachte ich an alle die Kostbarkeiten, die mein Holzkoffer enthielt: Da war mein blauweißkariertes Kleid mit dem bunten, so gut geflochtenen Gürtel, dann meine Stricknadeln – welch eine Kostbarkeit! –, selbstgemachte, aus hartem Draht, es war so schwierig, sich neue zu machen; ja, und dann meine Zahnbürste, die ich einmal beim Straßenfegen in Inta gefunden hatte – es war und blieb übrigens die einzige Zahnbürste, die ich während meiner zehnjährigen Haft besessen habe; das Schlimmste aber war das große Stück Seife, Waschseife, offensichtlich aus der Waschküche!

»Nein, das darf auf keinen Fall gefunden werden. Das kann ich Wanja nicht antun: Für ein Kilogramm Kartoffeln, gestohlen von der Kolchose, waren zwei Jungen im Alter von 14 und 15 Jahren zu 15 Jahren Arbeitslager verurteilt worden! Ein Stück Seife dieser Größe brachte Iwan und mir mindestens zehn Jahre ein, wenn nicht noch mehr. Mein Koffer darf auf keinen Fall geöffnet werden.«

Ich stand in der letzten Reihe der Frauenkolonne. Die ersten Frauen wurden bereits durchsucht. Ich nahm meinen Koffer und ging langsam nach vorn, wo ich den Frauen, deren Koffer schon durchsucht worden waren, beim Einpacken ihrer ringsherum verstreuten Sachen half. Es war ganz einfach, meinen Koffer auf diese Weise zu den bereits durchsuchten Koffern zu stellen, ich brauchte nur das allgemeine Durcheinander auszunutzen. Dank dieser kleinen List gelang es mir, in OP, diesem ehemaligen Erholungslager, das nun ein Speziallager für politische Häftlinge geworden war, einzuziehen, ohne mich auch nur von einer einzigen meiner Kostbarkeiten zu trennen, ohne Wanja zu kompromittieren.

Wassilij hatte doch recht: Die drei innerhalb des Lagers eingezäunten Baracken waren für uns Frauen. Es waren schon Hunderte von Frauen dort, als wir ankamen. Wir waren nur etwa 20, aber es mußte erst mal Platz geschaffen werden. Rechts und links entlang der Barackenwände der dritten

Baracke befanden sich zwei Bretterreihen, die bereits von Frauen besetzt waren. Schreien, Fluchen, Gestoße empfing uns.

»Ihr dort rechts vorne, macht gefälligst Platz. Ihr könnt sehr gut noch zusammenrücken, liegt noch lange nicht eng genug aneinander!« schrie die Aufseherin noch, bevor sie die Barackentür von außen zuschloß. Sie haben uns dann auch tatsächlich rechts vorn, gleich neben dem Eingang, auf dem oberen und unteren Brett etwas Platz eingeräumt. Gerade eben so viel, daß wir uns hinlegen konnten, nicht etwa auf den Rücken, aber doch wenigstens auf die Seite. Wir schliefen alle auf der rechten Seite ein, drehten uns dann nachts auf Kommando alle auf die linke Seite. So vermieden wir es, uns gegenseitig ins Gesicht zu atmen. Wie im Gefängnis stand der unvermeidliche Eimer in einer Ecke, dicht beim Ausgang. Wer das Pech hatte, ihn nachts benutzen zu müssen, verlor seinen Schlafplatz und legte sich für den Rest der Nacht auf den kalten Fußboden.

Morgens wurde die übliche Kohlsuppe verteilt, dazu ein Stück Brot, nasses, schwarzes Brot. Dann wurde die Barackentür endlich nicht wieder zugeschlossen: wir mußten raus zur Arbeit. Männerarbeit auf dem Bau.

Wir mußten die für den Bau notwendigen Balken vorbereiten: Stämme wurden geschält, hin- und hergetragen. Mittags brachte man uns eine Wassersuppe zum Arbeitsplatz. Und viereinhalb Löffel Brei. Ohne Fett, oft auch ohne Salz. Abends, zurück im Lager, gab es nichts mehr zu essen. Nichts. Nichts als die stinkende verschlossene Baracke, nichts als unerträglicher Lärm, unaufhörliches Fluchen. Kranke wurden in eine andere Baracke getragen. Natürliche Auswahl? Oder einfach nur Nachlässigkeit?

Sowie ich die Augen schloß, sah ich wie in einem Film die

verschiedensten Bilder in rasender Geschwindigkeit an mir vorüberziehen: Häuser auf dem Lande, Gärten, hinter deren Zäunen große Sonnenblumen standen; reifende, wogende Kornfelder mit großen roten Mohnblumen; dann das Meer und wieder Kornfelder; dann wieder Lebensmittelauslagen in großen Geschäften. Ich lief durch brennende Straßen und sah den Totenwaggon.

»So ist es sicher, wenn man verrückt wird«, dachte ich. Ich hatte Angst, die Augen zu schließen. Jeden Abend fing es wieder an ... dann wird es wieder Tag, die Suppe wird gebracht und die Männerarbeit geht weiter.

»Hallo, Deutsche, komm mal her«, flüsterte mir der Mann, der uns immer die Werkzeuge zur Arbeitsstelle brachte, unbemerkt zu. »Nimm diese Axt hier, sie schneidet besonders gut.«

»Danke«, sagte ich und nahm die Axt. Sein Augenzwinkern beantwortete ich mit einem leichten Kopfnicken.

Ich hatte ihn sofort verstanden und kratzte den Lehm unbemerkt von der Axt. Ein Brief von Wanja. Er war klein zusammengefaltet, nicht größer als eine Briefmarke. Ein Brief aus Sangorodok. Ein Brief, der vom Leben draußen zu mir in dieses Sklavenlager kam. Ein Brief, der ein Zeichen dafür war, daß noch jemand in der fast freien Welt – denn so erschien mir Sangorodok – an mich dachte. Wanja. Wanja hatte mich nicht vergessen. Es war gefährlich für ihn, mir, einer Politischen, zu schreiben. Er hatte es getan, trotz der Gefahr, in die er sich brachte.

Ich war glücklich. Sangorodok, die Jahre mit Wanja ... Kann eine ausländische Gefangene noch mehr erwarten?

Wanja schrieb mir immer wieder. Humorvolle, geistreiche Briefe. Ihm war eine Katze zugelaufen: »Ich habe sie ›Emotschka‹ genannt«, schrieb er einmal. Ich habe einen ganzen, langen Tag immer wieder, wenn ich daran dachte, gelächelt. Später fand er sogar eine Möglichkeit, mir einen Blechbecher voller Margarine zu schicken. Auf diesen Becher hatte er mit einem Nagel Konstantin Simonovs Worte an die Schauspielerin Serova eingeritzt:

»Warte auf mich … so wie ich auf dich warte …, Wanja.«

Ich mußte ihm auch eine Freude bereiten. Eine große Freude. Wie oft hatte er mich um den Ring gebeten! Ich habe den Ring in einen kleinen plattgefalteten Brief eingenäht, den ich, wie er es tat, mit Lehm auf die Axt geklebt habe. Wollte ich wirklich, daß er ihn bekam? Abergläubisch wie meine Umgebung, habe ich im stillen gedacht und gehofft, daß der Ring wieder zurückgebracht würde: er war ja immer wieder zu mir zurückgekommen.

Schon damals in Berlin fing es an, als der Offizier meine schmutzigen Hände fixierte und dabei den Ring nicht bemerkte; dann später im Frankfurter Gefängnis hatte mir der betrunkene Soldat den Ring weggerissen, und hatte nicht die Russin, der er ihn gab, ihn mir am nächsten Tage wiedergegeben? Im Waggon hatte ich versucht, den Ring, wie schon die Goldstücke, gegen Brot einzutauschen. Zwei Tage behielt der Soldat meinen Ring, ehe er ihn mir mit den verächtlichen Worten: »Niemand will das Blech eintauschen, sie wollen alle Gold haben!« zurückgab … Und noch hier in Inta, als ich mit der Männerbrigade arbeitete und wir draußen am Rande der Tundra Feuer machten, um unser Brot aufzutauen: Ich hielt lange meine steifgefrorenen Finger übers Feuer und wollte gerade ein Stück Brot auf einen Zweig spießen, um es so übers Feuer zu halten, als Mitja mich rücklings in den Schnee warf, und während er mich mit den Schultern in den Schnee drückte, riß mir sein Freund Kostja meinen Ring vom Finger. Ich bat sie beide:

»Laßt mir meinen Ring. Er ist doch überhaupt nichts wert. Gebt ihn mir zurück. Es ist doch bloß gewöhnliches Metall. Gebt mir meinen Ring! Das einzige Andenken an zu Hause!«

Anfangs schrie ich, und sie machten sich über mich lustig; dann bat ich sie, und sie lachten laut. Mitja und Kostja behielten meinen Ring. Ich weinte … nicht nur wegen des verlorenen Ringes, sondern weil sie über mich gelacht hatten.

Als drei Tage später ein sehr freundlicher Aufseher, auf den ich schon gewartet hatte, Dienst tat, fragte ich ihn:

»Können Sie etwas für mich tun?«

»Kommt ganz drauf an, was du von mir willst …«

»Sehen Sie, Herr Proswetov, Kostja und Mitja haben mir meinen Ring gestohlen. Er hat gar keinen Wert, aber für mich bedeutet er sehr viel. Können Sie nicht versuchen, ihn mir wieder zurückzubringen? Die beiden wohnen in der 14. Baracke.«

»Hmm …«

»Ja, ja, ich weiß, daß ich kein Recht habe, irgendwelchen Schmuck zu tragen, und ich verspreche Ihnen, daß ich ihn sofort, wenn Sie ihn mir wiederbringen, zur Kleideraufbewahrungsstelle (dort wurde auch mein Holzkoffer aufbewahrt) bringen werde. Aber bitte, tun Sie das doch für mich!«

Er ging; ungeduldig erwartete ich ihn in der Frauenbaracke; ich saß auf meiner Pritsche, als er eintrat, sein gutmütiges Gesicht strahlte nur so:

»Hier, nimm deinen Ring wieder, aber ich will ihn nie wieder bei dir sehen. Kapiert?«

»Oh, vielen Dank …«

Ich versteckte den Ring … wenigstens für eine kurze Zeit.

»Wahrscheinlich kommt mein Ring doch wieder zu mir zurück«, dachte ich, als ich ihn abschickte.

Er kam nicht zurück. Wanja bekam ihn und behielt ihn. Es war im November 1948 …

1954 habe ich Iwan Iwanowitsch in Inta wiedergetroffen. Die Frauenbrigade, mit der ich zur Arbeit rausgeschickt worden war, schaufelte den schmutzigen Schnee aus einer der vielen Straßen Intas, einer Straße, an der wir auch schon mitgebaut hatten. Unser Arbeitsplatz war durch ein dickes Tau abgegrenzt, um Kontakte zwischen Freien und Häftlingen zu vermeiden. Plötzlich erkenne ich Iwan Iwanowitsch, der die Straße entlangkommt und suchend die arbeitenden Frauen mustert. Er sah mich und erkannte mich sofort. Er war schon frei, näherte sich unserm Aufseher, steckte ihm einen Geldschein zu (so etwas war durchaus möglich) und erhielt die Erlaubnis, mit mir zu sprechen. Der Aufseher rief mich zu sich hin. Wanja und ich standen uns nach all den Jahren gegenüber.

»Wann wirst du frei?« war seine erste Frage.

»Im nächsten Jahr …«

»So? Du hast mir immer gesagt, daß du schon 1954 frei wirst …«

»Nein, Wanja, da irrst du dich«, entgegnete ich.

Mein Blick fiel auf seine Hände. Am kleinen Finger seiner linken Hand sah ich meinen Ring und bat ihn:

»Gib mir meinen Ring wieder. Du weißt sehr gut, was er mir bedeutet …«

»Niet, Emotschka. Den Ring behalte ich. Solange ich ihn habe, weiß ich, daß du zu mir kommen wirst, sowie du frei bist. Wenn ich ihn dir heute schon gäbe, bin ich sicher, dich nie wiederzusehen.«

Ich ließ ihn stehen und nahm meine Schaufel wieder in die

Hand. Er schrieb mir noch ein- oder zweimal, wußte er doch jetzt wieder, in welchem Lager ich mich befand. Ich antwortete nie. Das alles war vorüber.

Iwan Iwanowitsch starb 1957. Er hatte meinen Ring am kleinen Finger. Niemand konnte ihn abnehmen, man hätte ihn aufsägen müssen.

VI

Ende November wurden wir wieder in ein anderes Lager verlegt. Es befand sich auch in Inta, war aber sehr weit von OP entfernt, so daß man uns auf einen Zug verlud, der nur aus offenen Wagen bestand und dazu bestimmt war, die geförderte Kohle aus den Schächten an einen Sammelplatz zu bringen. Diese kleine Fahrt hätte eigentlich ganz lustig sein können, wenn es nicht schon so eisig kalt gewesen wäre.

Bereits am frühen Morgen zeigte das Thermometer schon -40°. Diese kleinen rollenden Bretter, auf denen wir uns eng aneinanderdrückten, das ständige Warten, die Wattejacke, die kaum noch wärmte (ich hatte schon zu oft alle vier Wochen Watte rausgezupft, wir hatten ja nichts anderes), das kleine morgendliche Stückchen Brot, das nie unseren Hunger stillte: es war nicht erstaunlich, daß ich hungrig, verfroren und traurig vor mich hinstarrte.

Als wir endlich am Nachmittag in unserem neuen Lager ankamen, hatte ich zu nichts mehr Lust. Ich wollte mich weder zanken noch schlagen, um einen mehr oder weniger guten Platz von 60 Zentimeter Breite oder weniger auf einer Pritsche zu ergattern. Es war ja immer dasselbe: Man muß die erste sein, wenn man einen guten Schlafplatz haben will; die erste, wenn es heißt, ein etwas größeres Stück Brot als die Nachbarin zu erwischen; die erste, wenn man eine große Ration Kascha haben will … die erste, die erste … ist doch alles scheißegal; mir hing es zum Halse heraus, dass man sich um alle kleinen Vorteile reißen mußte, und, statt mich wie gewöhnlich zu beeilen oder gar zu rennen, sobald wir in das Lager kamen, verlangsamte ich meinen Schritt. Laß sie doch rennen, die anderen, ich werde schon auch einen Platz finden, ganz gleich, was für einen. Die erste Baracke, in der ich es versuchte, war schon überfüllt, ebenso die zweite. In der dritten stank es nach Kinderwindeln und übergekochter Milch, Mütter und kleine Kinder schrien um die Wette.

»Nein danke, das paßt mir nicht.« Ich ging sofort wieder hinaus, ohne erst zu fragen.

»Ich werde schon noch was finden.«

Die vierte Baracke war noch überfüllter als die erste … und so ging es immer weiter.

Iwans Koffer wurde schwerer und schwerer, ich konnte ihn kaum noch mit mir rumschleppen.

»Diesmal habe ich Pech gehabt, heute finde ich bestimmt keinen Platz zum Schlafen, höchstens auf dem Fußboden in einem Barackeneingang …«

Ich kam zur zwölften Baracke. Überfüllt, ich wußte es schon, bevor ich eintrat. Ich war am Ende meiner Kraft.

»Haben Sie vielleicht noch einen Platz für mich?« wandte ich mich an die Barackenälteste, überzeugt davon, daß die Antwort negativ ausfallen würde.

Da fällt mein Blick auf eine kleine, klitzekleine, grauschwarze, grünäugige Katze.

Ich mußte an Wanja und seine kleine Katze denken und fing an, mit der kleinen Katze deutsch zu sprechen:

»Komm doch mal her, kleines Kätzchen, laß dich streicheln. Komm …«

Ich weiß nicht mehr, was ich sonst noch alles gesagt habe, ich weiß nur, daß meine trübe Stimmung mit einem Schlag verflogen war. Die Barackenälteste, die ich erst gar nicht bemerkt hatte, sah mich mit ihren großen, blauen Augen erstaunt an und sagte dann in fließendem Deutsch zu mir:

»Sie sind Deutsche, nicht wahr? Kann ich mit Ihnen deutsch reden?«

»Ja, sicher. Und Sie?«

»Ich? Ich bin hier in Rußland geboren, aber meine Eltern sind Deutsche. Sie suchen sicherlich einen Schlafplatz. Wollen Sie meinen haben? Ich arbeite nachts und schlafe am Tage, so daß Sie meinen Platz für die Nacht haben können. Einverstanden?«

»Das wollen Sie für mich tun? Vielen, vielen Dank!«

Ich habe ja gleich gewußt, daß ich doch noch einen Platz finden werde! Am nächsten Morgen begannen wir mit dem Bau der neuen Lagerumzäunung. Wie in OP mußten in einem Abstand von etwa drei Metern zwei Reihen Stacheldraht gezogen werden, die den hohen Bretterzaun ersetzen sollten. Erst mußten tiefe Löcher für die Pfähle gegraben werden, alle drei Meter wurde ein Pfahl eingerammt, dann wurden die Stacheldrahtreihen gezogen. Glücklicherweise war unser Lager ziemlich klein, so daß wir mit dieser unangenehmen Arbeit verhältnismäßig schnell fertig waren. Wir hatten zwischen 45° und 50° Kälte, alle anderen Frauen saßen bei dieser Hundekälte in ihren Baracken (normalerweise wurde nur bis zu -42° draußen gearbeitet, aber wir, die »Neuen«, mußten trotz der Kälte draußen bleiben, bis der Stacheldrahtzaun fertig war).

Der Zaun war fertig, die große Kälte hielt an, und wir blieben schließlich auch in unserer Baracke. Schon seit einer Woche ging keine Brigade mehr aus dem Lager, nicht einmal die Holzbrigade, was zur Folge hatte, daß die Baracken nicht mehr geheizt werden konnten. Ein Tag ohne Feuer im Ofen ließ sich noch gerade ertragen, aber schon am zweiten Tag wurde die Kälte in der Baracke unerträglich.

»Da muß man doch was machen können«, sagte ich mir und rief Agnes.

»Hör mal, Agnes, in der ›Verbotenen Zone‹ zwischen den beiden Stacheldrahtreihen muß noch an einer Stelle ein großer Pfahl liegen. Ich war zu faul, ihn wegzuschleppen. Aber ich weiß noch genau, wo er ist.«

»Na und?«

»Das ist doch klar: Wir gehen hin und holen ihn und haben im Nu eine warme Baracke.«

»Gut. Gehen wir.«

Wir fanden leicht die Stelle mit dem Pfahl. Es war so kalt, daß wir in einem Nebel aus winzigen Eisstückchen verschwanden.

»Ich glaube nicht, daß man uns vom Wachturm aus sehen kann.«

»Bestimmt nicht, bei dem Nebel«, meinte Agnes.

»Bleib hinter mir. Ich werde versuchen, den Pfahl ins Lager reinzuziehen.«

Wie verabredet, blieb Agnes hinter mir zurück, und ich näherte mich der Stacheldrahtumzäunung, der man sich nur bis auf drei Meter nähern durfte. Ganz gebückt schlich ich mich nun dicht an den Stacheldraht heran.

»So eine Gemeinheit! Ich komme von hier aus nicht an den Pfahl heran, er liegt doch weiter draußen, als ich dachte.«

Was blieb mir also anderes übrig, als mich durch den Stacheldraht zu zwängen, wollte ich eine warme Baracke haben: erst vorsichtig mit dem rechten Bein hindurch, dann, immer noch zusammengekrümmt, vorsichtig den rechten Arm und den Oberkörper nachgezogen, und da hatte ich auch schon den Pfahl gepackt.

»Ich hab' ihn, Agnes«, konnte ich gerade noch sagen, als eine Kugel ganz dicht über meinen Kopf hinwegfegte.

»Scheiße, man hat uns gesehen«, sagte ich, ließ jedoch den

einmal gepackten Pfahl nicht los, schob ihn durch den Stacheldraht ins Lager, mich selbst hinterher und den Pfahl auf der Schulter ging es im Laufschritt zurück in die Baracke. Nach diesem Zwischenfall war das Sägen und Hacken nur noch ein Kinderspiel, und bald schon knisterte ein herrliches Feuer in unserem Ofen …

Plötzlich meinte jemand:

»Was ist das denn für ein merkwürdiger Lärm draußen?«

»Komm, Agnes, wir sehen mal nach, was da los ist!«

Sehr schnell merkten wir, was der Grund dieses Lärmes war: Der Schuß vom Wachturm hatte alle Lageroffiziere aufgeweckt, und jetzt standen sie an der Stelle unseres »Diebstahls«.

Da fragte Agnes mit ihrer Unschuldsmiene: »Wer kann wohl bei einer solchen Kälte versucht haben zu fliehen?«

»Ruhe! Seid endlich still. Jetzt rede ich! Das gilt auch für dich dahinten in deiner Ecke!«

Die Nariadschitza (eine Gefangene, die für die Arbeitsverteilung verantwortlich ist) versuchte sich in dem Geschrei, das in unserer Baracke herrschte, Gehör zu verschaffen.

»Seid jetzt endlich still!«

Nachdem sie zum drittenmal versucht hatte, sich in dem Lärm Gehör zu verschaffen, wurde es endlich einigermaßen still in der Baracke. »Hört mal her: Ich brauche eine Frau für die Waschküche. Von 3 oder 4 Uhr morgens bis 10 oder 11 Uhr abends … aber es ist ein Platz im Warmen! Wer meldet sich freiwillig? Es ist für das neue Kinderhaus!«

Niemand rührte sich.

»Wie ist es mit dir, Faschistin, willst du dich nicht dazu melden?«

Die »Faschistin«, das war ich!!!

Emmy mit ihrem Bruder Guntram
(gefallen am 8. September 1939 in Polen), Wolfen 1926

Emmys Vater,
Dr. Paul Goldacker,
Berlin 1929

Emmy mit ihrer Mutter,
Johanna Goldacker,
Dessau-Haideburg 1927

Emmy nach ihrem
Abitur 1938

Emmy im Jahre 1941

Foto aus ihrem
Stambuler Reisepaß, 1942

Das Barackenlager von Inta.
Beide Fotos sind Eigentum des Archivs der Vereinigung »Memorial«

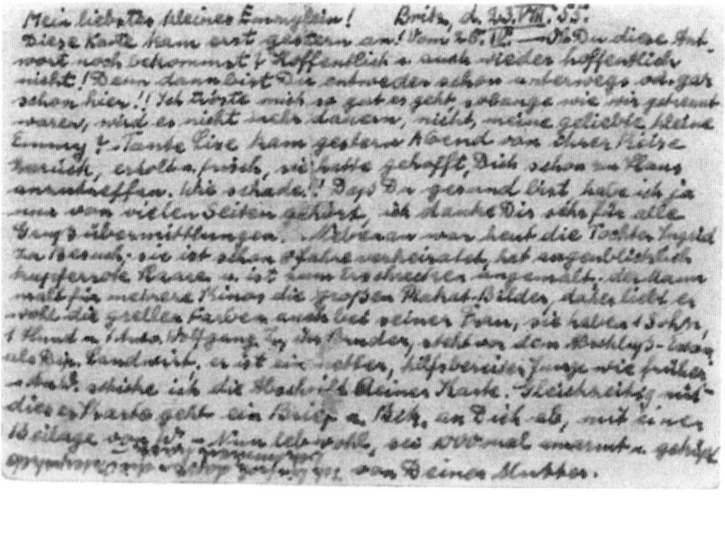

Mein liebstes kleines Emmylein! Britz, d. 23.VIII.55.
Diese Karte kam erst gestern an! Vom 28.VI. – Ob Du diese Antwort noch bekommst? Hoffentlich u. auch wieder hoffentlich nicht! Denn dann bist Du entweder schon unterwegs od. gar schon hier!! Ich tröste mich so gut es geht, solange wie wir getrennt waren, wird es nicht mehr dauern, nicht, meine geliebte kleine Emmy? Tante Lise kam gestern Abend von ihrer Reise zurück, erholt u. frisch, sie hatte gehofft, Dich schon zu Haus anzutreffen. Wie schade!! Daß Du gesund bist habe ich ja nun von vielen Seiten gehört, ich danke Dir sehr für alle Grußübermittlungen. [illegible] war heut die Tochter Ingrid zu Besuch, sie ist schon 8 Jahre verheiratet, hat augenblicklich kupferrote Haare u. ist zum Erschrecken angemalt. der Mann malt für mehrere Kinos die großen Reklame-Bilder, daher liebt er wohl die grellen Farben auch bei seiner Frau, sie haben 1 Sohn, 1 Hund u. 1 Auto. Wolfgang, Ingrids Bruder, steht vor dem Abschluß-Examen als Dipl. Landwirt, er ist ein netter, hilfsbereiter Junge wie früher. [illegible] streiche ich die Anschrift meiner Karte. Gleichzeitig mit dieser Karte geht ein Brief a. Bln. an Dich ab, mit einer Beilage [illegible] – Nun lebewohl, sei 1000mal umarmt u. geküßt [illegible] von Deiner Mutter.

Brief von Johanna Goldacker an ihre Tochter in das Lager am 23. August 1955 mit dem Vermerk »An Absender zurück«

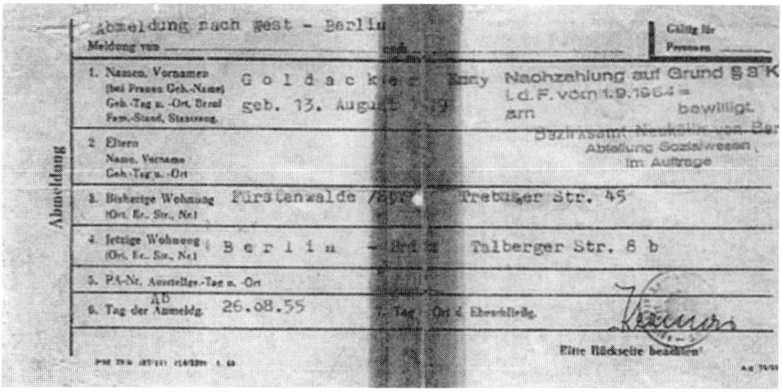

Abmeldung nach West - Berlin

Meldung von ... nach ...

Gültig für ... Personen

1. Namen, Vornamen (bei Frauen Geb.-Name) Geb.-Tag u. -Ort, Beruf Fam.-Stand, Staatsang.: G o l d a c k[illegible] Emmy geb. 13. August [illegible]

Nachzahlung auf Grund § 8 K[illegible] i.d.F. vom 1.9.1964 = am bewilligt

Bezirksamt Neukölln von Berlin Abteilung Sozialwesen Im Auftrage

2. Eltern Name, Vorname Geb.-Tag u. -Ort

3. Bisherige Wohnung (Ort, Kr., Str., Nr.): Fürstenwalde /Spr[illegible] Trebuser Str. 45

4. Jetzige Wohnung (Ort, Kr., Str., Nr.): B e r l i n - [illegible] Talberger Str. 8 b

5. PA-Nr. Ausstellgs.-Tag u. -Ort

6. Tag der Abmeldg.: 26.08.55

7. Tag, Ort d. Eheschließg.

Bitte Rückseite beachten!

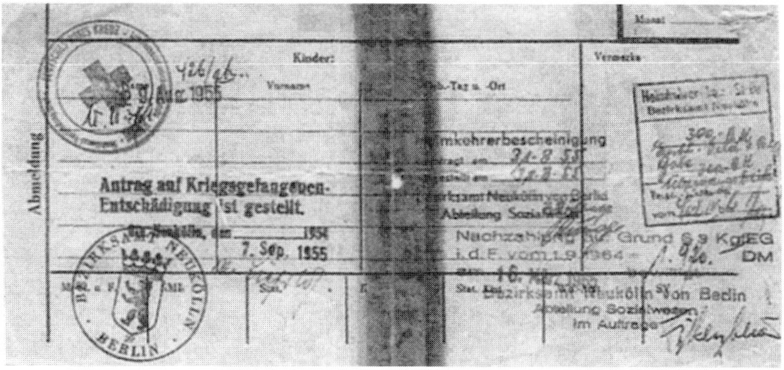

Abmeldung

Kinder: Vorname | Geb.-Tag u. -Ort

Vermerke

426/ab.. 29. Aug. 1955

Heimkehrerbescheinigung beantragt am 31.8.55 ausgestellt am [illegible]

Bezirksamt Neukölln von Berlin Abteilung Sozialwesen

Antrag auf Kriegsgefangenen-Entschädigung ist gestellt.

Bln.-Neukölln, den 7. Sep. 1955

Nachzahlung auf Grund § 9 KgfEG i.d.F. vom 1.9.1964 - [illegible] DM am 16. [illegible]

Bezirksamt Neukölln von Berlin Abteilung Sozialwesen Im Auftrage

Bezirksamt Neukölln Berlin

Ausweis, ausgestellt für Emmy Goldacker 1955 in Deutschland nach ihrer Entlassung aus dem Lager

Emmy nach ihrer Entlassung
aus dem Lager, Berlin 1955

Emmy mit ihrer Mutter.
Berlin, im September 1955

Emmy im ökumenischen
Institut in Bossey
in der Schweiz,
1957

Emmy Goldacker in Nyon, Schweiz, 1964

Emmy Attinger-Goldacker
in Landsberg bei München,
1965

Emmy und Fred Attinger, Cheseaux-sur-Lausanne im September 2004

»Warum eigentlich nicht? Ich bin einverstanden.«

»Du bist ja vollkommen verrückt«, sagte Agnes.

»Nein, bestimmt nicht. Du wirst schon sehen, wenn ich wasche, habe ich Seife, und wer Seife hat, bekommt auch vieles andere.«

»Aber du kannst doch unmöglich 20 Stunden pro Tag arbeiten, das geht doch einfach nicht.«

»Ach, das ist sicher nur anfangs so. Ich werde es schon schaffen.«

Ich zog hinter der Nariadschitza her bis zum Kinderhaus. Wahrscheinlich war ich die einzige Freiwillige, weil es kurz vor Weihnachten war und die anderen sich ihr Fest nicht durch eine so unmöglich lange Arbeitszeit verderben lassen wollten.

»Hier haben Sie Ihre Waschfrau, Sophia Michailowna. Sie kann sofort anfangen.«

Sophia – sie war vor ihrer Verhaftung wohl die jüngste Dozentin für Wirtschaftspolitik an der Leningrader Universität gewesen – packte mir ein riesiges Paket schmutziger Wäsche auf den Rücken. »160 Windeln, 60 Laken. Sowie Sie hiermit fertig sind, melden Sie sich wieder bei mir, um das nächste Paket abzuholen.«

»Gut.«

Als ich mit meinem Bündel auf dem Rücken an der Krankenbaracke vorbeikam, sah ich schnell aufs Thermometer: -41°, kein Wunder also, daß ich meine Hände nicht mehr fühlte, ich hatte in der Eile meine Handschuhe in der Baracke gelassen. Zum Glück war es nicht mehr weit bis zur Waschküche. Eine Dampfwolke umhüllte mich, als ich eintrat. »Mach die Tür zu, du dreckige Deutsche. Wir haben euch lange genug hier gehabt. Mach, daß du hier wegkommst!«

Welch herzlicher Empfang! Ich hätte mir keinen »besseren« vorstellen können! Ich versuchte, gerecht zu bleiben: Diese russischen und ukrainischen Frauen hier hatten alle den Krieg aus nächster Nähe miterlebt. Ich wunderte mich nicht über ihre Feindseligkeit mir gegenüber, sie wußten ja nichts von meinem Vater und den Gestapoverhören, es ging sie auch nichts an; ich konnte sie verstehen. »Das Volk weint hier und dort, das Volk weint überall«, hatte Valentina Semionowna gesagt.

Sie beschimpften mich immer weiter. Wie gut, daß Valentina S. mir beigebracht hatte, wie ich mich verteidigen muß!

»Ich brauche zwei Waschtröge, los, her damit, diese hier gehören mir. Und daß sich niemand hier in meine Nähe wagt!« überschrie ich ihre Beleidigungen. Zwei der Wäscherinnen lachten; die andern verfluchten und beschimpften mich, die dreckige Deutsche, immer weiter. Ich hatte inzwischen von den beiden Trögen und einer Ecke der Waschküche, gleich neben den großen Waschkesseln, Besitz ergriffen. In dem »Leben davor« – so pflegten wir unsere Vergangenheit zu bezeichnen, hatte ich kaum Gelegenheit gehabt, große Wäsche zu waschen. Aber jetzt hier mußte ich es einfach schaffen, wenn ich den Platz behalten wollte. Wie zu alten Zeiten wusch man auf einem Waschbrett. Das war anstrengend, aber immerhin weniger anstrengend, als mit Spitzhacke und Spaten draußen in der Kälte zu arbeiten. Natürlich war es das beste, diesen Platz im Warmen anzunehmen. Immerzu wiederholte ich mir das, während ich die Berge von Windeln und Laken wusch. Da näherte sich eine der Wäscherinnen meiner Spültonne.

»Mach, daß du hier wegkommst, das ist mein Platz. Verstanden?« schrie ich.

»Halt die Schnauze, Faschistenhure. Ich mache hier, was ich will. Die Zeit, da ihr zu sagen hattet, ist vorbei!«

Sie näherte sich immer mehr meinem Waschplatz und hörte nicht auf, mich zu verhöhnen. Wenn es ihr gelang, auch nur eine einzige meiner Windeln zu stehlen, konnte ich meinen Platz verlieren. Ich hatte gerade eine nasse, noch schmutzige Windel in der Hand. Den Bruchteil einer Sekunde später hatte sie sie im Gesicht. Wütend warf sie sich auf mich. Wir rutschten auf dem seifigen Waschküchenboden aus. Kleiner und schneller als sie, gelang es mir, mich von ihr zu befreien, und mit beiden Händen drückte ich ihr die Kehle zu.

Die andern begossen uns mit kaltem Wasser, und wir standen wieder auf.

»Du hast dich gar nicht so schlecht verteidigt, du dreckige Deutsche, du«, meinte Schura, die Diebin.

Seit jenem Tage hat sie mich immer und überall verteidigt. Bald hatte ich nicht nur Windeln und Kinderlaken zu waschen. Man gab mir auch die weißen Kittel der Pflegerinnen und des Küchenpersonals der Kinderküche.

»Sieh dir die Taschen meines Kittels an«, flüsterte mir Nastja, die finnische Köchin, eines Morgens, als ich die Küchenwäsche abholte, zu. Ich fand in ihrem Kittel eingewickelt ein Stück Brot, nein, kein Stück, ein ganzes Brot. Ein Kilogramm Brot … schwarzes, feuchtes Brot, aber doch Brot …

»Agnes, Agnes, schläfst du?«

»Nein, was ist denn los?«

»Nichts weiter. Hast du Hunger?«

»Was für eine dumme Frage. Ich habe immer Hunger!«

Da zog ich langsam und vorsichtig das große, schwarze Brot aus dem Ärmel meiner Wattejacke. Wir haben es in einer Nacht aufgegessen und dabei geweint – vor Freude. Wir hatten seit Jahren kein ganzes Brot mehr gesehen.

Nastja half uns auch weiterhin. Wenn sie nur konnte, versteckte sie in ihrem Kittel etwas zu essen. Manchmal Zucker, dann wieder etwas Butter oder ein Stück Speck oder geschälte Kartoffeln, aber am häufigsten doch Brot.

»Siehst du, Agnes, wer Seife hat, hat auch vieles andere!«

»Das schon, aber hast du deine Hände mal angesehen?«

»Ist doch ganz egal, die Hauptsache ist, daß wir zu essen haben!«

»Marlene, hier, nimm die Wäsche zum Trocknen. Wir bekommen ein Stück Speck dafür!«

Marlene, die die großen Wasserkessel für das Bad heizte, hängte die Wäsche, die ich ihr gab, hinter ihrem großen Ofen zum Trocknen auf. Diese Wäsche wusch ich für russische Gefangene, die nicht wollten, dass ihre Wäsche in der allgemeinen Waschküche gewaschen wurde, und es sich aufgrund ihrer Pakete leisten konnten, ihre Wäsche ganz privat waschen zu lassen. So wurde ich zur »Privatwaschfrau«.

»Es ist schon drei Uhr! Schnell, steh auf, du mußt liefern gehen!«

Marlene rüttelte mich wach und zeigte mir den großen, säuberlich gebügelten Wäscheberg, den sie mir auf einem Brett in die Baracke gebracht hatte. Schnell sprang ich von der Pritsche und brachte die Wäsche ihren Besitzerinnen. Ich mußte noch vor dem allgemeinen Wecken damit fertig sein, denn es war nicht unbedingt nötig, daß man sah, was ich tat.

»Marussja, schnell, nimm deine Wäsche!«

»Was ist los?«

»Deine Wäsche, schnell, versteck sie!«

Sie nahm verschlafen die Wäsche in Empfang und gab mir einen Beutel voll Zucker.

»Tanja, hier hast du deine Hemden, hörst du mich?«

»Ja, ja, hier sind ein paar getrocknete Früchte aus dem Kaukasus!«

Eine dritte gab mir Margarine. An den Abenden solcher »Liefertage« saßen wir in einer Baracke zusammen: Agnes, Marlene und die andern, die zu unserer kleinen Gruppe gehörten, und ergötzten uns an all den »erwaschenen« Kostbarkeiten.

»Siehst du, Agnes, wie recht ich hatte?«

Agnes lächelte statt einer Antwort.

Ich arbeitete 18 bis 20 Stunden am Tag (später nur noch 14 bis 16 Stunden). Dabei wurde diese Waschküchenarbeit als »leichte Arbeit« bezeichnet, da man ja im Lager bleiben konnte und nicht Tag für Tag draußen in der Kälte zu sein brauchte. Um anderen von Zeit zu Zeit meinen Platz im Warmen zu überlassen, konnte ich nie länger als einige Monate, höchstens ein Jahr, in der Waschküche arbeiten. Dann musste ich wieder hinaus in Kälte und Schnee. So war ich denn eines Tages wieder in einer Brigade, die täglich zu allgemeinen Arbeiten außerhalb des Lagers eingesetzt wurde. Kilometer um Kilometer legten wir morgens zurück, ehe wir unseren Arbeitsplatz am Rande der Tundra erreichten. Ich war schon müde und erschöpft, ehe die Tagesarbeit begann. Wir zogen Gräben durch die Tundra. Bei jedem Schritt versank ich tief im Schnee, manchmal bis zu den Hüften. Mein Filzstiefel blieb im Schnee stecken. Während ein Mädchen versuchte, den Stiefel wieder aus dem Schnee zu ziehen, rieb eine andere meinen nackten Fuß, um ihn vor dem Erfrieren zu bewahren. Es kam vor, daß ich meine verkrampften und erstarrten Hände nicht mehr vom Spaten lösen konnte. Abends gegen 6 Uhr kamen wir zurück ins Lager: 12 Stunden hatten wir ununterbrochen in der Kälte zugebracht. Der Lohn hierfür bestand aus einer Schüssel Kohlsuppe und einem Stück Brot am Morgen, abends gab es wieder eine Kohlsuppe und viereinhalb Löffel voll Brei, den sogenannten »Kascha«, dazu noch ein Stück Brot: schwarzes, feuchtes Brot, 300 Gramm; wenn man gut gearbeitet hatte, etwas mehr! Manchmal gab es auch noch ein Stück Fisch als Beilage, oder an großen nationalen Feiertagen, wie z.B. am 1. und 2. Januar oder am 7. und 8. November, belohnte man uns mit einem Stück Fleisch – als hätte dies genügt!

Wir marschierten untergehakt zu fünft in langen Kolonnen. Zwei von einer solchen Fünferreihe konnten immer schlafen. Die anderen drei führten und stützten sie. Wenn man es erst einmal raushat, läßt es sich ganz gut auf diese Weise schlafen. Ich war an der Reihe und schlief fest, so fest, daß ich das Gefühl hatte, stundenlang geschlafen zu haben. Meine Nachbarin weckte mich unsanft:

»Hattest du nicht etwas zu verstecken? Du mußt dich beeilen, wir sind gleich da!«

Ich hatte ein halbes Pfund Margarine bei mir; ein ehemaliger Gefangener hatte sie mir in Inta besorgt. Über meinem linken Arm hingen meine Wattestrümpfe, die wir anzogen, wenn wir Gummistiefel trugen. Ohne lange zu überlegen, noch ganz verschlafen, ließ ich die Margarine aus meiner Wattejackentasche in einen der Strümpfe gleiten.

»Mit ein bißchen Glück komme ich damit durch«, dachte ich, »vielleicht durchsuchen sie uns nur oberflächlich.«

Aber nein, sie taten es gründlich.

Es fing schon schlecht an: fünf Aufseherinnen postierten sich vor die erste Fünferreihe, eine Aufseherin für je eine Gefangene. Wohin so schnell mit meiner Margarine? Ich mußte sie durchbringen, unbedingt. Ich hatte mich schon so darauf gefreut, meine »kleine Familie«, d.h. meine Freundinnen, heute abend mit bestrichenen Broten zu überraschen.

Schon ist unsere Reihe dran. Das Lagertor ist weit geöffnet, die ersten Reihen sind bereits ins Lager gelassen worden. Ohne zu überlegen, renne ich an meiner Aufseherin vorbei, durchs Tor und schnurstracks auf die Baracken zu. Meine Aufseherin versucht, mich einzuholen, doch ich habe einen kleinen Vorsprung. Ich biege um eine Barackenecke und pralle mit einer anderen Aufseherin zusammen: Ich habe im Augenblick des Zusammenprallens gerade noch Zeit, meine Wattestrümpfe mit der so kostbaren Margarine hinter die Wassertonne, die an der Barackenecke steht, fallen zu lassen. Da ich meine Margarine gerettet habe, lasse ich mich jetzt, ohne Widerstand zu leisten, durchsuchen. Sie findet nichts und bringt mich zum Lageroffizier.

»Was hattest du zu verstecken? Warum bist du weggelaufen?«

»Ich wollte nur als erste in der Baracke sein, damit ich genug Wasser bekomme, um mich gründlich waschen zu können.«

Er wendet sich an die Aufseherin:

»In den Karzer mit ihr für fünf Tage, aber ohne daß sie sich wäscht.« Die Aufseherin bringt mich in den Karzer … ohne mich noch vorher in den Speisesaal gehen zu lassen. Unterwegs treffen wir Anna:

»Hinter der Tonne an der zwöften Baracke liegen meine Wattestrümpfe mit Margarine drin. Hol sie schnell!« flüstere ich ihr im Vorbeigehen auf deutsch zu.

Anna versteht sofort. Jetzt macht es mir nichts mehr aus, mich einsperren zu lassen.

Der Karzer war ein sehr hoher Raum, ungeheizt, ohne Fenster, ohne Bett. Ein hochgeklapptes Brett, das an einem Ende mit einer Stütze versehen war, diente nachts, wenn man von der Aufseherin die zweite Stütze bekam, als Bett. Im Korridor des

Karzers mußte ich mich bis aufs Hemd ausziehen. Abends bekam ich zusammen mit der Bettstütze auch meine Wattejacke zum Zudecken. Draußen waren 38° Kälte. Wie im Gefängnis bekommen die Karzerinsassen nur jeden zweiten Tag eine Wassersuppe. Am Tag ohne Suppe gibt es nicht einmal ein Stück Brot. Nichts. Du kannst krepieren oder überleben ...

Manchmal wurden die Karzerhäftlinge zur Arbeit rausgeschickt ... ohne zusätzliche Verpflegung natürlich. Wir sollten die Latrinen der Soldaten säubern. Ich weigerte mich ... und bekam, welch ein Wunder, keine zusätzliche Strafe.

Am Tage darauf, ich bin wieder in meiner Karzerzelle, wird das kleine Fenster in der Tür aufgeschoben, es fällt etwas auf den Fußboden, und das Fenster schließt sich sofort wieder. Ich sitze vollkommen zusammengekauert auf meinen Fersen, dicht neben der Tür zum Korridor. So ist es am wärmsten. Ohne aufzustehen, kann ich den Zellenfußboden abtasten und habe schnell das Päckchen in der Hand: Noch ehe ich das Papier entferne, erkenne ich den Inhalt am Geruch: ein Stück Wurst, Knoblauchwurst ...

Wie schön ist doch das Leben! Kaum habe ich sie verschlungen, da öffnet sich das kleine Schiebefenster nochmals und wieder fliegt etwas auf die Erde. Nein, das ist doch nicht wahr: Jetzt sind es Margarinebrote: vier Doppelschnitten, dick mit Margarine bestrichen. Ich habe noch den Wurstgeschmack im Munde und lasse mir das Brot schmecken.

»Wenn ich jetzt noch eine Zigarette hätte, wäre mein Glück vollkommen«, denke ich satt und gutgelaunt und schon etwas unbescheiden. Kaum habe ich den Gedanken zu Ende gedacht, als sich auch schon das Fenster zum drittenmal öffnet: Mir fällt ein winziges Päckchen direkt vor die Füße: drei halbe Zigaretten, ein paar Streichhölzer und ein Stückchen Reibfläche! Also versorgt, kann ich Hunger und Kälte der noch abzusitzenden Tage überstehen. Als ich wieder ins Lager entlassen werde, schwanke ich doch etwas, aber Anna holt mich ab und stützt mich. Sie ist es, die mir die Päckchen in den Karzer eingeschmuggelt hat!

»Ist dieses Mädchen schön anzusehen«, dachte ich bewundernd, als ich mich auf meiner Pritsche in der neuen Baracke einrichtete. Wir waren, wie so oft schon, mal wieder in eine andere Baracke verlegt worden. Ich kannte niemanden in der neuen Baracke, und da ich nichts weiter zu tun hatte, starrte ich weiter auf das schöne Mädchen, das sich wie eine Katze streckte und rekelte.

»Marina, kommst du mit in den Speisesaal?« wandte sich ein Mädchen im Vorbeigehen an sie.

»Nein. Bring mir doch bitte meine Kascha mit, die Suppe kannst du selbst essen, ja?«

Sie heißt Marina und will nicht essen gehen. Ob sie krank ist? Eigentlich macht sie gar keinen kranken Eindruck. Ich muß sie immer wieder ansehen. Unsere Blicke treffen sich.

»Nein!« wehre ich mich gegen mich selbst, »so fängt es also an. Ist es möglich, daß mir das auch passiert? Nein, nur das nicht!«

Ich will nicht eine von jenen Frauen werden, die sich in eine Frau verlieben und sich dann die schlimmsten Eifersuchtsszenen machen; die sich untereinander wegen einer Frau schlagen oder mit Messern aufeinander losgehen – Frauen wegen einer Frau – wie damals Iwan, der mit dem Messer auf den Friseur einstach, weil dieser versucht hatte, sich mir zu nähern … Nein, ich will das nicht.

Alle sind im Speisesaal, die Baracke ist leer. Ich habe es nicht bemerkt. Marina rekelt sich immer noch auf ihrer Pritsche, wie unter Zwang muß ich zu ihr hinsehen. Wieder treffen sich unsere Blicke. Niemand bringt mir meine Kascha, das ist mir gleich, ich spüre keinen Hunger. Als ich am nächsten Tag von der Arbeit zurück in die Baracke komme, habe ich nur ein Verlangen: Marina anzusehen, hoffend, daß sich unsere Blicke wieder treffen.

Ich sehe, daß sie mich erwartet. Heute bemerke ich wohl, daß wir allein in der Baracke zurückbleiben, und gehe zu ihr hin. Sie hat nur darauf gewartet.

»Guten Abend, Marina …«, ist alles, was ich sagen kann.

»Guten Abend.«

»Emma Pawlowna«, ergänze ich, mich vorstellend, und ergreife ihre Hand, die sie mir entgegenstreckt.

Wie schön sie doch ist! Es ist unmöglich, sich nicht in diese dunkelblauen Augen zu verlieben. Noch nie habe ich so schöne Augen gesehen. Und dieser ständig lächelnde, bezaubernde Mund!

»Bist du krank?« frage ich, um überhaupt etwas zu sagen.

»Nein. Ich habe nur keine Lust rauszugehen. Ich finde immer irgendein Mädchen, das mir meine Kascha mitbringt.«

»Aha«, sage ich nur, und wie ein Stich durckzuckt es mich: Eifersucht. Sie ergreift meine Hand, ich streichle sie sanft. Meine Finger berühren ihre Augen, ihre Lippen …

»He, Marina! Hier hast du deine Kascha und dein Brot, und bild dir ja nicht ein, daß ich dir jemals wieder etwas mitbringen werde …«

Es ist dasselbe Mädchen, das ihr schon am Abend zuvor den Brei mitgebracht hat. Sie sieht uns haßerfüllt an … Ich küßte Marina, als sie zu uns trat.

Es vergingen Tage. Wochen. Es schneite. Um allein zu sein, schlenderten wir Arm in Arm durchs Lager. Wir brauchten keine Worte, unsere Blicke, unsere Gesten genügten uns:

mein Arm um ihre Taille, ihr Kopf auf meiner Schulter, welch beglückendes Gefühl innerer Wärme ... Eines Tages hatte ich diese vergeblichen Zärtlichkeiten satt. Ich ging zu Anna.

»Anna, hör mal, komm doch ab und zu abends ein bißchen zu mir in die Baracke. Ich möchte mit dir reden.«

»Warum denn? Ist was Besonderes los?«

»Eigentlich nicht. Du wirst schon sehen. Ich muß mit dir reden.«

Anna kam. Sie hörte mich an, und noch während ich mit ihr redete, merkte ich, daß der Bann gebrochen war: Ich konnte mit ganz normalen Augen hinüber zu Marina sehen. Gewiß war sie bildschön, aber wie dumm war sie doch im Grunde! Am nächsten Tag aß ich meine Kascha wieder mit großem Appetit!

Später, als wir in Abes waren, wo die Deutschen aus allen Lagern der Komi ASSR zum Rücktransport gesammelt wurden, bekam ich von einer Frau Liebesbriefe; sie machte mir die verrücktesten Liebeserklärungen. Um diese Liebe im Keime zu ersticken, habe ich mich öffentlich über sie lustig gemacht. So vergingen ihr diese Gefühle sehr schnell. Dann erinnere ich mich an eine Prostituierte, die ab und zu auch mal eine Frauengeschichte hatte.

»Das ist ja alles ganz schön und gut«, meinte sie, »aber Mann bleibt doch Mann!«

Am häufigsten traf man homosexuelle Paare unter den Frauen aus Westeuropa, besonders häufig unter den Intellektuellen. Die Russinnen waren in dieser Beziehung unkomplizierter, vielleicht in gewisser Weise normaler. Gewiß traf man auch unter ihnen Lesbierinnen, aber bei ihnen merkte man es schon von weitem, alles wirkte gröber, weniger subtil. Während der letzten Monate in russischen Lagern legten sich allerdings auch die lesbischen Westeuropäerinnen keinen Zwang mehr an. Man hörte Frauen ihre »Männer« mit männlichen Vornamen anreden, man sah engumschlungene oder sich leidenschaftlich küssende Frauenpaare.

VII

Nach der großen Trennung von politischen und kriminellen Häftlingen wurde ersteren verboten, beliebig oft zu schreiben; sie durften jetzt nur noch einmal im Monat schreiben. Dies galt jedoch nur für russische Häftlinge. Ausländischen Häftlingen sprach man das Recht grundsätzlich ab, mit irgend jemandem außerhalb des Lagers zu korrespondieren. In Sangorodok hatte ich meine Zuckerration gegen ein Stück Papier und einen Bleistift eingetauscht, selbst Briefmarken trieb ich auf. Briefumschläge brauchte ich zum Glück nicht, da es damals in Rußland üblich war, den fertigen Brief in Form eines Dreiecks zu falten. Die Hälfte der Rückseite des Briefes mußte frei bleiben, um dieses Dreieck dann zu adressieren. Mindestens 30 dieser dreieckigen Briefe habe ich im Laufe der ersten Jahre von Sangorodok aus geschrieben und abgeschickt. An meine Mutter, an eine Tante. Und wieder an meine Mutter. Jedesmal sagte ich mir:

»Dieser Brief hier muß einfach ankommen. Er muß. Einmal wird bei der Postverteilung auch mein Name aufgerufen werden!«

Und dann kam der Tag, an dem tatsächlich mein Name aufgerufen wurde. Wir waren noch nicht von den Kriminellen getrennt. Ich hatte immer darauf gewartet, daß mein Name verlesen werden würde, und jetzt, da es soweit war, erschrak ich sehr. Nur ganz langsam ging ich zu der Frau, die die Briefe verteilte. Sie hatte nicht nur einen, sondern viele, viele Briefe für mich – ein ganzes Paket. Meine eigenen Briefe, die ich so voller Hoffnung geschrieben hatte, zweieinhalb Jahre lang. Sie blieben in Moskau hängen.

Um zu verhindern, daß auch meine Mutter verhaftet wird,

hatte ich während eines meiner ersten Verhöre gesagt, daß ich keine Angehörigen in Berlin hätte. Das wurde in meinen Akten vermerkt und war gleichbedeutend mit Schreibverbot, da man nur an direkte Angehörige schreiben durfte. So brauchte ich also in Zukunft meinen Zucker und mein Brot nicht mehr gegen Papier oder Briefmarken einzutauschen. Zweieinhalb Jahre Hoffen und Warten waren umsonst. Jahrelang konnte ich nicht in der Baracke bleiben, wenn die Post verteilt wurde. Erst habe ich mich unter meiner Decke versteckt, später verließ ich die Baracke. Ich konnte weder die Namen hören, die verlesen wurden, noch die Freudenschreie derer, die Post bekamen. Ich ging hinaus in die Kälte oder in den Trockenraum, der in jeder Baracke war. Ich hatte genauso gearbeitet wie die Russinnen; warum hatte ich nicht die gleichen Rechte wie sie, diese Frauen, die auch nicht besser waren als ich. Es nützte nichts, sich darüber Gedanken zu machen. Doch oft hätte ich am liebsten geweint, geschrien oder wäre mit dem Kopf gegen die Wand gerannt, ich hätte alles zerschlagen können vor ohnmächtiger Wut! Statt dessen verließ ich die Baracke mit hocherhobenem Kopf, ohne ein Wort zu sagen. Keiner sah, daß ich weinte.

In dem Trockenraum unterhielt ich mich mit dem Mädchen, das dort gerade Dienst hatte, bis die Postverteilung vorüber war. Das erleichterte das Warten, und ich dachte nicht unentwegt an den Brief, den ich nie erhalten würde.

Ende 1951 wird die Weihnachtspost verteilt. Im Trockenraum höre ich aus der Baracke ungewöhnliche Schreie, dann Schritte, Lachen, Rufen. »Das ist nicht wahr. Ich irre mich. Das kann nicht mein Name sein, der immer wieder aufgerufen wird …«

Die Tür zum Trockenraum wird aufgerissen. Mein Name

wird – diesmal höre ich es laut und deutlich – aufgerufen. Es vergeht eine Ewigkeit, ehe ich steif und starr vor der Nariadschitza stehe.

»Tanz, tanz«, sagte sie lachend zu mir.

Ich kann weder tanzen noch sprechen; erstarrt und verstummt stehe ich vor ihr. Sie hält mir den Brief, diesen großen, dicken Brief, entgegen.

»Von meiner Mutter«, durchzuckt es mich.

Der Brief ist nicht von meiner Mutter, sondern von Valentina Semionowna, die einige Monate zuvor aus dem Lager entlassen worden war. Sie hatte so viel besser als alle anderen verstanden, wie arm, wie elend und unglücklich wir Ausländer waren. Und sie hat mir geschrieben. Ein Brief! Ein Brief aus der Freiheit! Über ein Dutzend Fotografien hat sie diesem Brief beigefügt: von ihr selbst, von Tamara, ihrer Tochter, die sich, um studieren zu können, fast von ihr losgesagt hatte. Diese Tochter ist zu ihr nach Sibirien gekommen, und da sind sie beide, Mutter und Tochter, strahlend, lachend, beim Beerensammeln in der Taiga. Dann Bilder von ihren neuen Freunden: ehemaligen Gefangenen, die nach ihrer Haftzeit nach Sibirien verbannt wurden. Immer wieder muß ich Tamara und Valentina ansehen. Fünf Jahre alt war Tamara, als ihre Mutter verhaftet wurde. Jetzt ist sie siebzehn. Wie freue ich mich für Valentina, daß ihre Tochter trotz aller Lügen, die man ihr über ihre Mutter erzählt hatte, zu ihr nach Sibirien gekommen ist. Sie hat die Mutter nicht vergessen. Valentina schreibt, daß Tamara Mitglied des Komsomol sei, schließlich will sie ja studieren! Tamaras Vater war längst von den Sowjets erschossen worden, lange bevor Valentina selbst verhaftet wurde. Immer wieder betrachte ich die Bilder aus der Taiga: Da sind sie wieder, Mutter und Tochter; dann die neuen Freunde, versammelt bei Valentina um den reich gedeckten Ostertisch; dann wieder die beiden neuen Freundinnen, kleine alte Frauen; dann wieder Tamara allein mit einem kleinen Schwein; dann wieder Valentina allein. Sie schreibt mir, daß ich ein Paket bekäme, wenn das Schwein geschlachtet wird. Sie hat Wort gehalten.

Ich war die erste Deutsche im Lager, die ein Paket bekam. Wie ein Kind, das sich für etwas rächen will, habe ich sie alle glauben lassen, daß das Paket aus Deutschland sei. Einmal hat mir Valentina auch Geld geschickt. Dann wieder Schweinespeck und Kleidungsstücke: einen Trägerrock, eine knallrote Strickjacke ... und ein Nachthemd. Das erste Nachthemd, das ich seit meiner Verhaftung zu sehen bekam, dazu war es noch mein eigenes! Sieben Jahre hatte ich so etwas nicht gesehen! Ich zog das einfache weiße Nachthemd an, setzte mich in Positur auf meiner Pritsche und rufe alle meine Freundinnen, damit sie mich in meinem Staat bewundern! Wir haben herzlich gelacht an jenem Abend!

Valentina tat das alles für mich, weil sie zu meiner kleinen Familie gehörte, mit der ich mein Brot geteilt habe, für die ich Wäsche wusch, für die ich deutsche oder englische Stunden gab, für die ich strickte und für die ich – zu meiner Schande sei es gesagt – hin und wieder auch gestohlen habe. Kurz, Valentina war eine Freundin.

Im Februar 1954, meine Strafe näherte sich bereits ihrem Ende, haben wir Doppelkarten bekommen, um an unsere Angehörigen nach Deutschland zu schreiben. Sowjetrußland hatte sich dem Roten Kreuz und dem Roten Halbmond angeschlossen. Endlich! Was aber ist eine Karte nach neunjährigem Schweigen? Ich hatte keine Lust mehr, sie zu schreiben. Meine Mutter war sicherlich schon tot oder, wenn sie noch lebte, hatte sie sich sicherlich an den Gedanken gewöhnt, daß ich nicht mehr wiederkäme. Ich wollte mit dem »Leben davor« nichts mehr zu tun haben. Auch hatte ich Angst vor der

Gewißheit, daß meine Mutter tatsächlich tot sei. Schließlich gelang es meinen Freundinnen, mich doch zum Schreiben zu überreden. Ein Monat vergeht, und wieder werden diese Doppelkarten verteilt. Ich habe auf meine erste Karte noch keine Antwort erhalten. Jede muß sich ihre Karte persönlich beim Politischen Offizier abholen, der diese Gelegenheit natürlich wahrnimmt, um uns über unsere Stimmung und die unserer Mitgefangenen zu befragen. Als ich zu ihm gehe und um meine Karte bitte, erklärt er mir, daß ich Schreibverbot hätte, da meine Akten den Vermerk »Keine Angehörigen« trügen. Ich weiß das ja längst, seit jenem Tag, als alle meine Dreieckbriefe – sorgfältig gebündelt – aus Moskau zurückgekommen sind. So überrascht mich diese Eröffnung im Grunde gar nicht. Ich zucke mit den Achseln und meine nur:

»Dann eben nicht«, und will gehen.

Der Offizier ruft mich freundlich lächelnd zurück. Dieses falsche Gesicht! Er schlägt mir vor, ein Gesuch nach Moskau einzureichen und Namen, Adresse und Verwandtschaftsgrad derjenigen Person anzugeben, an die ich schreiben möchte. Sicherlich würde man mir diese Bitte nicht abschlagen! Ich drehe mich auf dem Absatz um und sage schneidend:

»Fast zehn Jahre habe ich nicht geschrieben, jetzt brauche ich auch nicht mehr zu schreiben.«

Ich schlage die Tür hinter mir zu.

Während der widerlich-freundlichen Rede des Offiziers hatte ich blitzschnell nachgedacht: Meine erste Karte war abgeschickt und bis jetzt nicht zurückgekommen. Es bestand also noch Hoffnung, daß ich Antwort erhalte. Beim Verteilen der zweiten Karten erst war ihnen aufgefallen, daß ich Schreibverbot hatte. Diese Nachlässigkeit war meine Chance! Wenn die erste Karte tatsächlich in die Hände meiner Mutter gelangt, braucht sie keine zweite Karte mehr: sie weiß, daß ich lebe. Und wenn sie nicht mehr am Leben ist, die Karte also zurückkommt, warum soll ich dann jetzt noch um Schreiberlaubnis betteln?

Später erfuhr ich, daß meine erste Karte angekommen ist. Sie kam an einem Sonntagmorgen. Meine Mutter war nicht zu Hause. Unsere Nachbarin, die die Karte in Empfang nahm, wußte ungefähr, wo sie meine Mutter finden konnte, und fuhr durch ganz Berlin, um ihr die Karte zu bringen. Schließlich fand sie meine Mutter bei einer Schwägerin, wo die ganze Familie versammelt war, um die Konfirmation meines Vetters Knut zu feiern …

Im April 1954, zwei Monate nachdem ich meine erste Karte geschrieben hatte, erhielt ich das erste Paket von meiner Mutter. Es war ein winziges Paket im Vergleich zu den großen Paketen, die die anderen empfingen. Der Grund hierfür war folgender: Ich hatte auf meiner Karte geschrieben, daß wir Pakete bis zu zwei Kilogramm bekommen dürfen. Tatsächlich aber durften sie vier bis fünf Kilogramm wiegen, aber ich wußte nicht, ob es meiner Mutter materiell überhaupt möglich wäre, so große Pakete zu schicken. Auf meiner Karte hatte ich aber um Photographien gebeten, und die mußten ja in einem Paket geschickt werden, es gab ja nur Karten oder Pakete, keine Briefe. In dem kleinen Paket von meiner Mutter lag ganz obenauf ein Briefumschlag mit den erbetenen Photographien.

Die Pakete wurden im Lagerdepot in Anwesenheit eines Offiziers ausgegeben. Ein Soldat öffnete das Paket, der Offizier kontrollierte den Inhalt.

Ich entdeckte sofort das kleine Paket mit der Handschrift meiner Mutter. Wie festgenagelt stand ich davor. Der Soldat öffnete das Paket, und da sah ich schon den Briefumschlag, den der Offizier sofort herausnahm und sich die Bilder ansah.

Ich hatte nur einen kurzen Blick von der Seite aus drauf werfen können: Es war meine Familie, meine Mutter, Kinder, sicherlich die Kinder meines Bruders … Er steckte den Briefumschlag mit den Bildern ein und gab mir nacheinander den Inhalt des Pakets: Zigaretten, Honig, Schokolade, sogar eine Büchse Erdbeeren war dabei!

Zwei Tage später bekam ich endlich die Bilder. Der Offizier gab sie mir mit den Worten:

»Es ist erfreulich zu sehen, daß jemand von Ihrer Familie Mitglied des Komsomol ist.«

Und er zeigte mir das Bild eines jungen Mädchens, es war zweifellos meine Nichte, die ein einfarbiges Tuch um den Hals geschlungen hatte. Das hatte sicherlich nichts mit der Kommunistischen Jugendbewegung zu tun, aber er hatte es wohl angenommen und mir wahrscheinlich auch nur deswegen die Bilder so schnell ausgehändigt. Ich war krank vor Freude. Da war meine Familie, meine richtige große Familie; da waren sie alle um mich herum auf meiner Pritsche. Ich konnte kein Wort mehr sagen, stumm vor Freude sah ich immer wieder auf die Bilder. Meine Mutter, deren Züge in meiner Erinnerung langsam verschwammen, da war sie: rund und lachend, sie hielt eine große Weintraube in der Hand … Wie hatte ich nur denken können, daß sie tot sei? Selbstverständlich reichte ich sofort ein Gesuch ein und bat den »Hohen Rat« in Moskau um Schreiberlaubnis. Durch das Paket war die Adresse meiner Mutter sowieso registriert worden. Jetzt gab es nichts mehr zu verbergen.

Kurze Zeit bevor ich die erste Karte schrieb, hatte ich aufgehört zu rauchen. Ich hatte diesen Machorka und meine Abhängigkeit von diesem Tabak so satt, daß ich versuchen wollte, es zu lassen. Ich war von einer solchen inneren Freiheit, so sehr »ich selbst«, daß ich mir dieses Gefühl der inneren Freiheit durch nichts einschränken lassen wollte, nicht einmal durch Machorka!

Aber welch ein Genuß waren doch die Zigaretten aus Deutschland!

Sie haben heute Galina erschossen. Warum? Warum auch nicht? Sie können mit uns machen, was sie wollen. Der Soldat, der sie erschossen hat, trug nach einem wohlverdienten Sonderurlaub einen Orden mehr an seiner Uniform.

Galina war eine junge Polin. Man hatte sie verhaftet, weil sie einem vorbeiziehenden deutschen Soldaten ein Glas Wasser gegeben hatte; ihr hatte man dafür zehn Jahre Zwangsarbeit gegeben. Sie war schwanger, als sie ins Gefängnis kam. Ihre fünfjährige Tochter Swetlana war vor kurzem erst in ein Waisenhaus ins Innere Rußlands geschickt worden, weit entfernt von ihrer Mutter, die sie niemals wiedersehen wird. Galina war sehr still und zurückhaltend. Niemand hatte je ein lautes Wort von ihr gehört. Sie starb ebenso lautlos, wie sie gelebt hatte. Wie alle Frauen an jenem Tage sammelte sie Steine von dem vorschriftsmäßig mit einem dicken Tau umspannten Feld. Vielleicht war sie aus Versehen etwas zu nah an das Tau herangekommen, als sie sich nach den Steinen bückte. Aus heiterem Himmel hat der Soldat auf sie geschossen, einfach so. Sie fiel auf den Rücken, die Hände auf den Leib gedrückt, ihre großen Augen angstvoll aufgerissen. »Fluchtversuch«, sagten die Soldaten.

»Ihr Lügner«, grollte es in uns.

»Bleibt, wo ihr seid, sonst seid ihr dran!«

Wie eine Wand schoben wir uns langsam vorwärts. Es war zu spät. Galina war tot, fünfundzwanzig Jahre alt.

Hatte der Soldat einen Kater oder wollte er nur mal sein Gewehr ausprobieren? Wie unwichtig ist das jetzt … jetzt ist sie tot. Der Lastwagen, mit dem wir abends ins Lager transportiert wurden, trug noch Blutspuren. Sie hatten Galina damit zum Totenhaus gebracht. Es war noch die Zeit des Stalin-Regimes, in der wir Nummern auf dem Rücken unserer Kleidung trugen. Ich war damals 0-392. Auf einem Fetzen Stoff eine aufgedruckte Nummer, säuberlich auf den Rücken der Wattejacke oder des schwarzen Kleides genäht. Es war leichter, uns so zu identifizieren, wenn eine von uns gegen die Lagerordnung verstieß. Dieser Lappen war etwa 25 x 12 Zentimeter groß.

Galina brauchte ihre Nummer nicht mehr auf dem Rücken zu tragen. Sie bekam ein Birkenschild, ein kleines Schildchen mit ihrem Namen und dem Paragraphen 58/1 drauf. Sie banden es ihr, wie allen Toten, an die große Zehe. Vielleicht war es besser so für sie, sie hatte während der letzten Wochen so gelitten …

Wie jedes Jahr einmal hatten die größeren Kinder das Kinderhaus verlassen müssen. Sie wurden nach Süden, nach Groß-Rußland, geschickt und dort in Waisenhäusern untergebracht. Sie durften nicht an der Seite ihrer Mutter, einer Gefangenen, heranwachsen, sie, die freien Bürger des sowjetischen Staates, hatten Anspruch auf eine Kollektiverziehung in einem staatlichen Waisenhaus.

Wenn der Lastwagen, der die Kinder abholte, draußen vor dem Lagertor stand, wurden wir in die Baracken getrieben und eingeschlossen. Die Mütter durften ihr Kind ein letztes Mal küssen, ein letztes Mal an sich drücken. Unter den Müttern befanden sich solche, die, wie Galina, im Gefängnis entbunden hatten. Auch Sophia Michailowna hatte ihren Sohn Sascha in einer Leningrader Gefängniszelle zur Welt gebracht. Saschas Vater war in der gleichen Zelle geboren worden, Sophia M. hatte die Schrift an der Zellenwand noch entziffern können. Andere Frauen wiederum hatten ihr Kind auf dem Arm oder an der Hand, als sie verhaftet wurden. Die Mehrzahl der Kinder stammte jedoch aus Verbindungen von Gefangenen untereinander.

Aber es sind Mütter, die da dem Transport zusehen, Mütter, deren Kinder weit hinein nach Rußland in ein Waisenhaus gebracht werden, dessen Anschrift sie erst bei ihrer Freilassung erfahren. Diese ohrenzerreißenden Schreie, dieses Weinen … unvergeßlich. Es glich einem Massenbegräbnis.

Die gefangenen Mütter waren zu zehn, manche nur zu fünf und viele zu fünfundzwanzig Jahren Arbeitslager verurteilt worden. Fünfundzwanzig Jahre. Für die meisten Mütter war diese Trennung von ihren Kindern eine Trennung für immer. Was sollte ein junger Mann, eine junge Frau – im Waisenhaus bewußt ideologisch erzogen – schon mit einer durch die Gefängnisjahre vorzeitig gealterten Mutter anfangen, an die man sich nicht mehr erinnern kann?

VIII

Feste müssen gefeiert werden, besonders in Gefangenschaft. Alle Feste. Weihnachten natürlich ganz besonders. Wir feierten es immer zweimal: Zuerst wurde im Dezember unser Weihnachtsfest gefeiert, dann im Januar das der Orthodoxen Kirche, das in Rußland noch nach dem alten Kalender gefeiert wird. In jedem Jahr – ausgenommen 1945 im Waggon – wurden die gleichen Vorbereitungen getroffen, ähnlich wie zu Hause. Im November fingen wir an, täglich eine Scheibe unseres schwarzen, feuchten Brotes zum Trocknen auf den Ofen zu legen. Das war ein echtes Opfer für jede von uns, hungrig wie wir waren. Manchmal konnten wir uns auch nur jeden zweiten Tag eine Scheibe vom Munde absparen. Aber wir mußten es tun, wenn wir zu unserem »Weihnachtskuchen« kommen wollten. Natürlich durften wir uns von den Aufsehern nicht mit unserem getrockneten Brot erwischen lassen. Sie hätten Fluchtvorbereitungen vermutet und uns wieder ins Gefängnis abgeschoben. Wir waren daher sehr vorsichtig. Sie wollten nicht, daß Gefangene Feste feiern. Es ist uns trotz allem immer gelungen, genügend Brot zu trocknen, um Weihnachten unsere Brottorte zu haben. Das Rezept war denkbar einfach:

Am 24. Dezember wurde nach der Arbeit das steinharte Brot so lautlos wie möglich – gar nicht so einfach! – mit Steinen oder einem Hammer zerklopft. Diese so erhaltenen Stükke wurden in einem Sack oder einem Kopfkissenbezug gesammelt und mit einem leeren Glas so lange darüber gerollt, bis sich dieses schwarze, saure Brot in eine feine, fast mehlartige Masse verwandelt hatte. Auf diese Brösel wurde heißes Zuckerwasser gegossen – unsere letzte Zuckerration hatten wir dazu aufgehoben –, und die Torte war schon fast fertig: Der so erhaltene »Kuchenteig« wurde in den ersten Jahren in »Oskar-Meyer-Blechschlüsseln«, später dann in Aluminium-Schüsseln gleichmäßig verteilt und zum Erkalten vor die Baracke in den Schnee gestellt. Das ging bei -40° oder mehr sehr schnell. Die so erhaltenen Torten wurden auf Bretter gestürzt, und Agnes, die künstlerisch Begabteste von uns, hatte dann die Aufgabe, sie mit einer Art Buttercreme sparsam und doch schön zu verzieren. Wir hatten immer in unserer kleinen Familie ein oder zwei Kranke, die Krankenverpflegung empfingen, wozu täglich ein briefmarkengroßes und auch fast ebenso dünnes Stück Butter gehörte.

Dann wurde der Tannenbaum aus seinem Versteck geholt. Schon lange vor Weihnachten hatten wir ihn ins Lager geschmuggelt. In letzter Minute entschieden wir uns dann für den Platz, an dem das Fest gefeiert werden sollte. Diese Vorsicht war nötig, damit man uns nicht schon vor Beginn des Festes verraten konnte, denn Spitzel gab es überall. Wir wollten diesmal auf dem Boden des Kinderhauses feiern; es war gewagt, sicherlich, doch auch so verlockend, einmal ganz ungestört, nur unter uns zu feiern, ohne den Lärm und das ständige Geschrei in den Baracken. Das Kinderhaus befand sich eingezäunt in einer Ecke des Lagers, und der Zugang war immer bewacht. Mit etwas Mut und Geschicklichkeit konnten wir es so einrichten, schnell während eines Schichtwechsels der Bewachung durchzuschlüpfen und uns unbemerkt in den Heizraum zu schleichen. Agnes, Frossja und Mascha waren für die Heizung des Kinderhauses verantwortlich und versorgten abwechselnd den riesigen Ofen mit Kohlen aus den Minen in und um Inta. Dieser große Ofen, der Tag und Nacht geheizt werden mußte – der kleinen, freien Sowjetbürger wegen –, nahm fast den ganzen Raum ein. Rechts und links davon, zwischen Wand und Ofen, war ein kleiner, schmaler Zwischenraum, wo ich mich oft heimlich gewaschen habe. Heimlich, denn selbst das war verboten: Ich hätte mich wie alle anderen Frauen mit einem Liter Wasser oder weniger im Eingang der Baracke waschen sollen …

Links hinter dem Ofen befand sich in der Decke eine Falltür, durch die man mit Hilfe der Leiter auf den Boden gelangen konnte, um dort das Heizungswasser in den großen Reservoirs zu kontrollieren. Diesen Zugang benutzten wir an jenem Weihnachtsabend; dort oben, in dem kleinen Bretterverschlag, der die Reservoirs umgab, wollten wir feiern. Zuerst wurden Tanne und Torten hinaufgebracht. Es war nicht sehr leicht, weil auf dem Boden kein Licht war, aber was machte das schon, wir kannten den Weg auch im Dunkeln. Dann kletterten wir eine nach der anderen die Leiter rauf und krochen durch die Luke. Die letzte, Anne-Marie, mußte die Leiter wieder an ihren Platz hinter dem Ofen stellen, damit wir die Falltür von oben schließen konnten und unten niemand auf den Gedanken kam, daß wir dort oben feiern wollten. Wir zogen Anne-Marie an einem dicken Strick nach oben, sie stemmte sich mit ihren nassen Filzstiefeln gegen die weißgetünchte Wand und hinterließ dort große schwarze Fußstapfen. Nicht zu übersehen! Dabei wollten wir doch so vorsichtig sein! Wir oben fingen bei dem Anblick an zu lachen, ließen fast den Strick los, meinten, es würde schon niemand bemerken, und lachten und lachten …

Wir waren allerbester Stimmung, als das Fest seinen Anfang nahm. Wir hatten nicht nur unsere Brottorten, sondern auch etwas zu trinken! Auf einem Hocker in der Mitte des Verschlages stand unser Tannenbaum. Eine einzige Kerze schmückte ihn. Es war die erste Kerze seit sechs Jahren. Davor, auf einem Brett am Fußboden, standen unsere Torten.

Wir saßen auf den Heizungsrohren, die an den Holzwänden des Verschlages entlangliefen. In einer Ecke stand unser Getränk: ein Holzeimer voller »Braga«, einem leicht alkoholischen Getränk, das auch aus Brot und Zuckerwasser hergestellt werden kann. Brot und Zuckerwasser werden in einem großen Gefäß angesetzt und zum Gären warmgestellt. Hatte man Glück, hielt das Gefäß – meistens ein Holzeimer –, hatte man Pech, explodierte der Eimer schon vor Weihnachten, und man hatte dann eben nichts zu trinken. Auch dabei lief man immer Gefahr, entdeckt zu werden: Es war strengstens untersagt, alkoholische Getränke – sei der Alkoholgehalt auch noch so gering – im Lager herzustellen oder zu genießen. Wir hatten diesmal Glück: Der Eimer hatte gehalten und wir genossen in vollen Zügen unsere Braga. Die einzige Kerze erleuchtete den Raum, spiegelte sich in unseren Augen. Wir sangen wie an jedem Heiligen Abend unsere alten Weihnachtslieder. »Stille Nacht ...« war immer zuerst dran, die anderen Lieder waren dann schon leichter. Es war Weihnachten. Wie reich wir doch waren! Wir hatten Torten und Braga! Zu Beginn des Festes waren wir noch leise und versuchten, unsere Stimmen zu dämpfen, doch der Braga-Eimer leerte sich langsam, und unsere Vorsicht schwand mit dem Eimer-Inhalt ... Wir lachten, schwatzten und sangen immer lauter. Wie schön warm war es doch hier oben! Wir waren keine Gefangenen mehr, wir waren nur noch lachende, schwatzende, lustige junge Mädchen, wie es sie immer und überall gibt.

»Psst! Ich höre Schritte«, unterbrach Mascha unser Geschwätz. »Aber nein, das sind keine Schritte. Niemand kann uns hier oben entdecken!«

»Aber da spricht doch jemand draußen?«

»Das ist ein Irrtum, man kann uns hier gar nicht finden ...«

Jetzt reden wir wieder alle ängstlich durcheinander. Ich lösche die Kerze … und wir warten. Jetzt kommt wirklich jemand, wir hören alle die sich nähernden Schritte. Wir sind auf die wütende Stimme eines Aufsehers gefaßt, als die Tür zum Verschlag geöffnet wird … doch vor uns steht unsere litauische Freundin, die nur gekommen war, um uns fröhliche Weihnachten zu wünschen … sie hatte die Fußstapfen an der weißen Wand gesehen! Es war noch Braga im Holzeimer und auch noch Platz auf den Heizungsrohren … und das Fest ging weiter …

»Gib das Geld her! Wo ist das Geld? Was hast du dir bereits mit unserem Geld gekauft?«

Erna schreit immer weiter nach »ihrem Geld«. Unmöglich, daß sie es ernst meint, nein, sie erlaubt sich bestimmt nur einen schlechten Scherz. Oder doch? Da sehe ich ihren gierigen Gesichtsausdruck und weiß, dass es kein Spaß ist.

»Was willst du eigentlich von mir? Geld? Geh in Sophia Michailownas Zimmer: in ihrer Tisch-Schublade findest du das Geld. Du kannst meinen Anteil auch nehmen, ich will ihn nicht mehr. Ich wußte lange, daß du nicht viel wert bist, aber daß du solch ein Stück Dreck bist, habe ich nicht geahnt!«

Nach diesen Worten ließ ich sie stehen. Eine jahrelange Freundschaft war zerbrochen. Geld … Geld … Wo ist das Geld? Jahrelang haben Mascha, Erna, Marlene und ich zusammen gearbeitet, haben jedes Stück Brot miteinander geteilt, das wir mit meiner kleinen »Privatwäscherei« zusätzlich verdienen konnten. Und jetzt dieser schreckliche Verdacht!

Die Sache war ganz einfach: Zum erstenmal seit Jahren wurden einige der von Gefangenen verrichteten Arbeiten bezahlt, andere wiederum nicht. Ich war damals Büglerin im Kinderhaus, und diese Arbeit wurde sehr gut bezahlt: Ich bekam doppelten Lohn, da für meine Arbeit eigentlich auch zwei Gefangene vorgesehen waren. Ich arbeitete damals bis zu 18 Stunden pro Tag. Die Heizerinnen, Erna, Marlene und Mascha, arbeiteten viel schwerer als ich, allerdings auch weniger lange, bekamen zu dritt nur einen einzigen Lohn. Wir fanden das ungerecht und hatten mit Sophia Michailowna vereinbart, alle drei Löhne zusammenzulegen und dann unter uns vieren zu teilen.

Sophia Michailowna hatte vorgeschlagen, ich solle den gesamten Lohn in Empfang nehmen und später dann mit den andern teilen. Als das Geld ausgeteilt wurde – wir wußten vorher nie genau, wann es gebracht wird –, war ich mit einer verbotenen Arbeit beschäftigt. Niemand durfte davon etwas wissen, nur Sophia Michailowna und ich. Hinten im Kinderhaus war ein kleiner Abstellraum, in den mich S. M. eingeschlossen hatte, damit mich niemand bei dieser Arbeit überraschen konnte. Hier lagen stapelweise alte Kinderlaken, Kinderbettbezüge und Windeln. Diese Wäsche war von einem Inspektionsbeamten geprüft und als unbenutzbar erklärt worden. Zum äußeren Zeichen hierfür war die Wäsche mit Beilhieben gekennzeichnet worden, damit sie bei der nächsten Inventur nicht wieder vorgelegt wurde, denn alle diese Wäschestücke waren durch neue ersetzt worden. Es galt nun, die Beileinschnitte auszufransen, so zu stopfen, als handele es sich um einen normalen Riß, oder unregelmäßige Flicken aufzusetzen, kurz, die Beilhiebe wurden so geschickt kaschiert, daß die gleichen Stücke im darauffolgenden Jahr der Inspektion wieder vorgelegt wurden, zusammen mit einigen anderen, normale Abnutzungserscheinungen tragenden Wäschestücken. Die auf diese Weise übrigen neuen Wäschestücke standen uns dann für unseren persönlichen Gebrauch zur Verfügung. Das Inventar stimmte immer! Und was kann man nicht alles aus

Windeln und Kinderlaken machen! Aus vier grasgrünen Kinderwindeln habe ich mir ein Kleid genäht, das so schön war, daß ich es selbst in der Freiheit getragen hätte … doch schließlich habe ich es in Rußland zurückgelassen! Wenn Unbefugte von der Sache gewußt hätten, wären wir unweigerlich wieder ins Gefängnis gekommen, denn nichts wird in Sowjetrußland härter bestraft als Diebstahl am Staatseigentum, und das, was wir da taten, war nichts anderes als Diebstahl! Diebstahl am Staatseigentum, wohlgemerkt! Darum wußte niemand, wo ich an jenem Tage war und was ich tat. Sophia, die Leningrader Jüdin, war schlau und vorsichtig genug, mich den ganzen Tag über einzuschließen und den Schlüssel bei sich zu tragen. Sie hatte mich nur ganz kurz herausgeholt, damit ich das elende Geld empfangen konnte; ich hatte das Geld sofort in ihre Tischschublade getan und ließ mich wieder in meinen Abstellraum einschließen, um mit meiner Arbeit fertig zu werden. Und Erna suchte mich und »ihr« Geld. Sie erzählte überall im Lager, daß ich ihr Geld in Empfang genommen und wahrscheinlich bereits ausgegeben hätte. Als ich abends in die Baracke kam, hörte man durch alles Geschrei immer wieder das Wort »Geld«. Dabei konnte man kaum etwas damit in dem kleinen Lagerladen kaufen: Es gab manchmal unappetitliche, rote Kleistermarmelade, vielleicht auch Zahnpulver, das wir auch als Puder benutzten. Einmal gab es sogar Käse, ein andermal Schuhe: 20 Paar für 2000 Frauen. Außerhalb des Lagers konnte man sich von ehemaligen Gefangenen schon mal Margarine oder Speck kaufen lassen. Das war aber wirklich alles.

Darum dieser Zank und Streit, diese Flüche und die vielen Tränen … Einige Monate später wurde sie aus dem Lager entlassen. Sie ging, als hätten wir uns nie gekannt, eine Fremde.

Später, in Deutschland, haben wir uns wiedergesehen, haben wieder miteinander geredet. Ich hatte für kurze Zeit vergessen, daß nur Geld allein für sie Bedeutung hat …

Anne-Marie, die zarte, rothaarige Anne-Marie, stand am Lagertor des vierten Lagers, als wir dort eintrafen. Sie sah blaß und sehr traurig aus. Man sah ihr kaum die Freude über unser unverhofftes Wiedersehen an … und dabei war sie im gleichen Waggon wie ich nach Inta gekommen.

»Seit wann bist du denn hier im Vierten?«

»Schon seit zwei Jahren. Es war früher ein Männerlager.«

»Du siehst so traurig aus, Anne-Marie. Was ist los?«

»Oh, frag mich nicht. Es gibt viele Gründe für meine Traurigkeit.«

»Wo arbeitest du?«

»Ich gehe auf allgemeine Arbeiten.«

»Schon lange?«

»Nein. Ich habe lange als Hilfsschwester in der Krankenbaracke gearbeitet, als dies hier noch ein Männerlager war.«

»Das war ein guter Platz, nicht wahr?«

»Sicher. Es ist immer gut, wenn man im Warmen arbeiten kann. Aber ich habe diesen Platz im Warmen bezahlt.«

Einige Wochen später brachte Anne-Marie zwei Mädchen zur Welt. Eins der Zwillingsmädchen starb sofort bei der Geburt. Genia, die Jüngere, war jedoch quicklebendig. Das tote Mädchen wurde in einen Pappkarton gelegt, den Marlene draußen, außerhalb des Lagers, verscharrt hat. Sie nahm den Pappkarton wie einen Geigenkasten unter den Arm, unter den anderen hatte sie einen Spaten geklemmt. Es war ein komisch-tragischer Anblick.

Anne-Marie war glücklich, ihre kleine Genia zu haben. Dieses zarte, kleine Mädchen war in gewisser Hinsicht unser aller Kind, sie hat uns am Anfang ihres Lebens sehr viel Sorge gemacht, und später dann, am Tage des großen Abtransports, haben wir alle fast so gelitten wie Anne-Marie selbst. Genia war zweieinhalb Jahre alt, und als Anne-Marie sie wiedersah, war sie bereits sieben.

IX

»Heuernte« … Ich brauchte dieses Wort nur zu hören, und schon lief mir eine Gänsehaut über den Rücken. Unvergeßlich sind mir die Milliarden winziger Fliegen, unvergeßlich der beißende Rauch eines mit feuchtem Holz oder nassem Gras genährten Feuers, mit dem wir die Insekten zu vertreiben suchten. Unvergeßlich diese elende feuchtschwüle Hitze, die uns fast erstickte. Es war im Juli 1954, zur Zeit der Mitternachtssonne. Die Brigaden für die Heuernte wurden zusammengestellt. Abend für Abend erschien die Nariadschitza mit ihrer Liste in den Baracken. Eines Abends war es dann soweit: sie verlas auch meinen Namen. Es kam für mich überhaupt nicht in Frage, mich noch einmal diesen Qualen auszusetzen. Valentina Simeonowna hatte mir viele Anweisungen und »Rezepte« gegeben, um dann krank zu werden, wenn man es für richtig hielt. Ich hielt es jetzt für richtig. Ich brauchte bloß am Abend vor dem Abtransport einen starken Machorka-Aufguß zu trinken und würde mich am nächsten Morgen nicht auf den Beinen halten können: unmöglich, mich in diesem Zustand zur Heuernte zu schicken … Ich schlenderte durch das Lager und traf Gertrud, diese nüchterne, praktische Ostpreußin. Sie war nicht mehr ganz jung, in den Vierzigern. Ihre Gesundheit war sehr angegriffen.

»Gehst du auch mit zur Heuernte?« fragte sie mich.

»Ja und nein«, gab ich zur Antwort.

»Was soll das nun wieder heißen? Kannst du dich nicht klarer ausdrücken?«

»Das ist ganz einfach so: Ja, weil ich gestern aufgerufen worden bin. Nein, weil ich nicht die geringste Absicht habe, die Heuernte mitzumachen.«

»Was hast du vor?«

»Am Abend vor dem Abtransport trinke ich einen Machorka-Aufguß mit dem Erfolg, daß ich am nächsten Morgen so hohes Fieber habe, daß ich nicht transportfähig bin. Wenn du willst, mache ich dir auch so einen Trunk. Wir müssen nur genau den Abfahrtstag wissen.«

Wie hatte ich mich geirrt! Gertrud wollte durchaus nicht zurückbleiben. Ganz im Gegenteil, es schien mir fast, als freute sie sich auf diese elende Heuernte. Ich überlegte, ob dies bloße Unkenntnis dessen, was sie dort erwarten würde, sei; sie war erst 1949 oder 1950 nach Inta gekommen, sehr viel später als ich. Die ersten Nachkriegsjahre waren die schlimmsten Jahre im Lager, und damals hatte ich zur Heuernte gehen müssen. Aber die Fliegen und Mücken der Tundra sind noch immer die gleichen!

Jetzt hörte ich von ihr, daß sie tatsächlich zu verschiedenen Heuernten abkommandiert worden war. Sie kannte ebensogut wie ich alle Widerwärtigkeiten, die diese Arbeit in der Tundra mit sich brachte. Und doch war sie entschlossen, wieder mitzumachen. Ich war hier offensichtlich im Irrtum: Man arbeitete nicht mehr in der nahen Umgebung des Lagers, sondern sehr viel weiter südwestlich. Sie hatte die schönsten Erinnerungen an diese Heuernten und war, nicht wie ich, nur ein einziges Mal dabeigewesen.

»Komm doch. Komm mit mir mit. Wir bekommen Mükkennetze. Wir werden es so einrichten, daß wir zusammenbleiben. Du wirst sehen, wie schön so eine Heuernte ist. Wir haben es dort viel besser als hier, wir sind freier.«

Ihre letzten Worte genügten: »Einverstanden!«

Ich war durchaus nicht so begeistert wie sie, aber da wir die beiden einzigen Deutschen waren, die zur Heuernte abkommandiert wurden, fühlte ich mich fast verpflichtet, mit ihr, der

Älteren und Schwächeren, mitzugehen. Es war nicht nur die Aussicht auf eine gewisse Freiheit! Unser »Gepäck« war schnell gepackt. Es bestand aus einem kleinen Beutel, den man leicht mit sich herumtragen konnte. Iwans Koffer blieb zurück im Lagerdepot. Einmal im Jahr nur, meistens im Juni, bekamen wir unsere Koffer aus dem Depot. Drei oder vier Tage lang flatterten dann im ganzen Lager bunte Frauenkleider im Wind. Ein paar Tage lang war das graue, schwarze Lager voll bunter Farbkleckse. Einmal gelüftet, wurden die Sachen wieder fein säuberlich in die Koffer gelegt und diese wiederum ins Depot zurückgebracht ... bis zum nächsten Jahr. Das war seit 1949 so, bis dahin durften wir unsere eigenen Kleider tragen ... wenn wir welche hatten. Dann aber beherrschte das schwarze Kleid das Frauenlager. Dieses schwarze Kleid, das schon nach der ersten Wäsche grauschwarzgestreift aussah. Nach und nach wurde es fast weiß, schmutzigweiß. Im folgenden Jahr ging es wieder von vorn los: ein Kleid pro Jahr, ein Schlüpfer pro Jahr, ein Hemd pro Jahr; ein Paar Filzstiefel oder eine Wattejacke alle drei oder vier Jahre ... Für die Heuernte gaben sie Gummistiefel aus ... voller Löcher.

Am Abfahrtstag versammelten wir uns wie immer vor dem Lagertor. Es waren zwei Brigaden von je 28 Frauen zusammengestellt worden. Fünf Wärter sollten uns begleiten. Wir verließen das Lager für die Dauer des Sommers, also sechs bis sieben Wochen.

Durchsuchung, Zählung ... das gehörte einfach dazu, als sei es ganz normal ... Die Wattejacke wurde aufgeknöpft, und man mußte sich von oben bis unten von der Aufseherin abtasten lassen. Zwischen der Brust, zwischen den Beinen. Es war gegen vier Uhr morgens, zwei Stunden früher als gewöhnlich. Der Himmel war wie mit Gold überzogen; es war eine jener hellen, herrlichen nördlichen Sommernächte, in denen die Sonne strahlt, ohne zu sehr zu erhitzen. Vor dem Lager standen ein paar Lastwagen für uns bereit. Wir fuhren in Richtung Inta. Zwei oder drei Stunden später kamen wir an ein Flußufer.

»Die Ussa«, sagte jemand.

Der Weg vor uns hörte plötzlich auf. Vor uns ragte eine undurchsichtige grüne Wand auf. Büsche, Bäume, ein undurchdringliches Dickicht. Links von uns ein steiler Abhang, unten die Ussa, zu der ein glitschiger Pfad hinabführte. Dort unten wartete eine Barke. Wir schwitzten in unseren Wattejacken und waren hungrig. Die Wassersuppe nach dem Aufstehen hielt nie lange vor, und die Brotration war auch nicht größer als sonst.

»Die Barke ist ja viel zu klein für uns alle!«

»Nein, nein. Im vorigen Jahr hatten wir die gleiche.«

Natürlich war nur für einige von uns Platz auf der Barke: für die Schwächsten, für unsere Beutel und für drei unserer fünf Bewacher.

»Die andern gehen zu Fuß weiter«, hieß es.

»Wohin sollen wir gehen? Es gibt hier keinen Weg, nicht einmal einen Pfad!«

»Das ist egal. Ihr geht geradeaus, auf die Petschora zu. Ein paar Kilometer vor Ust ist eine Anlegestelle. Dort wartet eine Fähre auf euch. Los, beeilt euch!« schrie einer der Soldaten von unten, von der Barke. Wir waren noch etwa 30 Frauen und versuchten, uns durch das Dickicht zu schlagen. Wenn bloß das Ufer der Ussa weniger steil gewesen wäre, wir hätten einfach ein paar Kilometer durchs Wasser waten können, aber es war viel zu steil und daher unmöglich. Einer unserer Wärter hatte eine Axt. Er ging voran und schlug uns einen Weg durch das Dickicht. Der andere, ein ganz junger, folgte uns langsam mit seiner Gitarre über der Schulter. Wir haben ihn unterwegs verloren. Er hat uns erst am nächsten Tag, Gott weiß wie, wiedergefunden.

Die Sonne brannte immer heißer. Fliegen und Mücken griffen uns in Scharen an. Da war er wieder, dieser Hunger. Die heiße feuchte Erde dampfte, und die Kilometer wurden immer länger. Gertrud hatte wenigstens Glück: Sie war auf der Barke und hatte außerdem noch unsere Brotration bei sich. Wir wollten sie bei unserer Ankunft gemeinsam essen. Wann? Wo?

Alles wäre leichter, könnte man das Ende dieses Marsches absehen. Aber ich sah nichts als Büsche und Bäume: Urwald. Die Insekten verschlangen uns buchstäblich. Für sie war unser Marsch das reinste Festmahl! Meine Augen schwollen merklich an, die Beine waren trotz der langen Hosen voller Stiche; meine Finger glichen prallen Knackwürstchen. Hätte ich doch nur meinen Machorka-Aufguß getrunken! Drei Tage Fieber, Erbrechen … aber nicht diese Quälerei. Gegen 3 Uhr nachmittags machte unser junger Gitarrist schlapp. Dadurch durften wir uns auch ausruhen. Dreißig Minuten lang. Aber sowie man sich nicht mehr bewegt, werden die Insekten vollkommen rasend. Und wie schon 1947 machten wir wieder mit nassem Gras und feuchtem Holz ein qualmendes Feuer, um durch den Rauch die Insekten zu vertreiben … Wie lange dauert dieser Weg noch?

Der ältere Wärter weiß es auch nicht, er zuckt nur die Achseln. Er leidet genauso wie wir unter den Insekten. Seine Uniform schützt ihn kaum, dabei ist ihm noch heißer als uns. Es muß so gegen 7 Uhr abends sein. Wir schleppen uns immer weiter geradeaus … geradeaus, wie es uns gesagt wurde.

Wo ist bloß die Petschora? Groß genug ist sie, übersehen

können wir sie nicht. Aber wo? Wir gehen und gehen und merken plötzlich, daß wir wieder an unserem Rastplatz angekommen sind. Wir versuchen, von dort aus wieder geradeaus zu gehen. Die Sonne scheint noch immer, fahl gelblich jetzt und weniger brennend. Es ist Nacht geworden ... »Hierher, hierher!«

Unser Wärter schreit wie von Sinnen: Er steht an der kleinen Landungsbrücke neben dem Boot.

Der Anblick, der sich uns bietet, ist überwältigend: die in die urstromähnliche Petschora mündende Ussa im gelblich-goldenen Licht der Mitternachtssonne.

Wir laufen den Abhang hinunter bis zum Boot, wo uns der Bootsmann unserer großen Verspätung wegen laut fluchend empfängt. Niemand kümmert sich darum, drängelnd und stoßend schieben wir uns auf die Fähre. Wir finden alle Platz. Keine will so kurz vorm Ziel zurückbleiben, keine will den Moment der Ankunft, d.h. der Auswahl der Schlafplätze, verpassen.

Ich stehe ganz hinten auf der Fähre. Der Motor springt an, und der Ruck läßt mich hin und her schwanken; doch ich stehe gleich wieder fest, und mein Blick gleitet über die große, weite Landschaft um uns. Ich höre das Geschwätz der Frauen nicht mehr, so gefangen bin ich von der Schönheit dieses großen Stromes, dessen leichte Wellen das Licht der Mitternachtssonne widerspiegeln. Dieses gelbgoldene Licht, das die violettbraunen Sümpfe zur Rechten bedeckt, dieses Licht, das die riesigen schwarzen Tannen zur Linken wie mit einem gelbgoldenen Schleier überzieht. Welch unendliche Ruhe!

Ich fühle und begreife die Unendlichkeit dieser nordischen Landschaft. Ich sehe die Schönheit des Himmels und des Wassers und bin glücklich und dankbar, trotz der Jahre, die hinter mir liegen, noch empfänglich für diese Schönheit zu sein. Ich lebe, ich fühle noch! Ich hätte tot sein können oder vollkommen abgestumpft … Ich versuche es noch einmal mit dem Vaterunser … und kann es bis zu Ende beten.

Ich begreife, dass es Gnade ist. Wie klein und unbedeutend komme ich mir vor … Wer bin ich schon? Heute bin ich hier, morgen ist ein anderer an dieser Stelle. Wie unwichtig! Wichtig ist nur, die Schönheit zu sehen und diese Gnade dankbar anzunehmen. Schließlich kommen wir am Ziel unserer Bootsfahrt an. Das Ufer ist steil und voller Gestrüpp. Wir klettern so schnell wie möglich den Hang hinauf. Oben angekommen, geht es gleich wieder hinunter in ein kleines Tal, dann kommen wir über einen kleinen Bach, und wieder geht es nach oben. Fliegen und Mücken haben uns nicht vergessen! Die hüglige Landschaft gleicht der Petschora mit ihren sanften Wellen.

Ob wir wohl jemals ankommen? Noch ein Hügel und dann, weiter unten gelegen, der Stall. Daneben eine kleine Hütte. Freudengeschrei empfängt uns. Unsere Kameradinnen waren schon lange dort. Gertrud, die Gute, hat mir einen Platz oben auf dem Heuboden, gleich neben der Eingangsluke, freigehalten, so daß wir Luft und Licht haben. Ich klettere die Leiter rauf und sehe nach draußen: Gleich gegenüber sind Pferde eingezäunt. Es waren acht oder neun, ein Fohlen war dabei; links die Tundra und ein paar alte Bäume. Noch weiter links glänzt die Petschora; rechts ein sanfter Abhang …

»Dort weiter unten ist ein Teich, wo du dich waschen kannst«, sagt Gertrud und zeigt den Abhang hinunter.

Das lasse ich mir nicht zweimal sagen. Drei Sprossen auf einmal nehmend, springe ich die Leiter hinunter. Am Ufer des Teiches angelangt, ziehe ich mein Kleid aus, die langen Hosen, die Schuhe. Eigentlich will ich mich nur waschen, aber das Ufer ist trügerisch: Kaum habe ich die Füße ins Wasser gesetzt, als ich auch schon in einem Loch versinke. Naß bis zu den Haaren fange ich an, in diesem wohltuenden Wasser zu schwimmen. Ich hatte vergessen, wie schön es ist zu schwimmen. Die Insektenstiche brennen nicht mehr! Ich habe das Gefühl, frei zu sein. Frei! Ich schwimme! Ich kann endlich beten.

Gertrud hat recht. Einige Stunden später werden wir nicht wie sonst von dem Geräusch zweier aufeinandergeschlagener Eisenstangen geweckt, sondern von einer menschlichen Stimme. Wie wohltuend! Im Nu springe ich die Leiter hinunter, um mich sofort in meinen Teich zu stürzen.

Die andere Brigade übernachtete unter uns im Stall. Nach der Morgensuppe wurden Mückennetze verteilt. Endlich! Ich sah zu den Pferden hinüber: Maxim, das Fohlen, rieb sich an seiner Mutter Toska, dieser großen, breiten Arbeitsstute. Jeder Brigade wurden vier Pferde zugeteilt, Maxim und Toska bekamen wir. Vier Freiwillige aus jeder Brigade waren für die Pferde, mit denen sie arbeiteten, verantwortlich. Man mußte sie striegeln, zur Arbeit führen, sie anspannen: alles Dinge, die mir vollkommen fremd waren. Ukrainerinnen, ja, die wissen mit Pferden umzugehen, und da es in jeder der beiden Brigaden viele Ukrainerinnen gab, war die Frage des Pferdepersonals schnell entschieden …

»Du hättest dich für ein Pferd melden sollen«, meinte Gertrud, »das ist die angenehmste Arbeit!«

»Ich versteh' doch nichts von Pferden!«

»Na und? Ich hätte es dir schon gezeigt!«

Sie konnte sicherlich gut mit Pferden umgehen, fühlte sich nur zu alt und schwach dazu.

»Schade! Jetzt ist es zu spät!«

Wir gingen in Richtung Tundra. Nach einigen Kilometern

tauchten hier und da Grasbüschel vor uns auf. Die Brigadierinnen steckten auf dem Boden ein Rechteck von etwa 7 Meter Länge und 4 Meter Breite ab. Spaten wurden verteilt, die ein scheppernder, von einem Ochsen gezogener Karren hierhergebracht hatte. Ich sah weder Sensen noch Harken. Was war hier los? Nach den Maßen des abgesteckten Rechtecks mußten wir eine Grube ausheben.

»Wozu das?« fragte ich Gertrud.

»Für das Gras natürlich. Du wirst es morgen schon sehen.«

Wir gruben und gruben. Stundenlang. Ich hatte genug davon. Ich konnte nicht mehr. Aber die Grube mußte fertig sein, ehe wir in unsern »Stall« zurückgeführt werden. Ein leichter Wind verscheuchte die elenden Fliegen. Niemals hätte ich geglaubt, daß die Grube noch bis zum Abend fertig würde … und wenn sie fertig wurde, so bestimmt nicht dank meiner Anstrengung: ich konnte schon lange nicht mehr und hatte aufgegeben. Ich bedauerte wieder einmal, meinen Machorka-Aufguß nicht getrunken zu haben. Die Ukrainerinnen waren sowieso stärker als ich, sollten sie ruhig diese Arbeit allein fertig machen. Ich musste vorsichtig mit meinen Kräften umgehen, wenn ich bis zum Ende meiner Strafe durchhalten wollte. Hinter mir lagen bereits neun Jahre Zwangsarbeit. Zu oft hatte ich während dieser Zeit erlebt, daß Gefangene, die jahrelang durchgehalten hatten, kurz vor oder gleich nach ihrer Freilassung zugrunde gingen. Ich wollte leben, auch noch als Freie …

Am nächsten Morgen fing dann die Heuernte an. Den Anfang der Kolonne bildeten vier Mädchen hoch zu Roß, vor ihnen, ebenfalls reitend, der Aufseher. Sie und die Pferde verschwanden bald in der hügligen Tundra. Der Ochsenkarren, diesmal mit Sensen und Harken beladen, folgte langsam.

Neben der Grube wurden Harken und Sensen von den Brigadierinnen verteilt. Gertrud bekam eine Sense, da sie auch damit umzugehen verstand. Ich ließ mir eine Harke geben, das konnte ich allenfalls noch!

Wir arbeiteten beide zusammen. Es hieß nun in der an Moos und Morast reichen Tundra Grasbüschel zu finden und zu mähen. Gertrud mähte, und ich harkte das Gras zu kleinen Haufen zusammen. Während wir bei dieser Arbeit waren, fabrizierten andere Frauen eine Art Schlitten, die dann an die Pferde gebunden wurden: An jeder Seite des Pferdes wurde ein langer Ast befestigt, dessen Zweige und Blätter an der Erde schleiften und mit anderen Zweigen zu einem schlittenartigen Gefährt verflochten wurden. Hierauf wurden die Grasbüschel geladen und zur Grube geschleift.

Ich begriff sehr schnell, daß Gertrud recht hatte: Ich hätte mich doch für ein Pferd melden sollen. Das war bei weitem die angenehmste Arbeit. Man faßte das Pferd am Halfter, in der andern Hand eine Axt, um sich den Weg durch Gestrüpp und Gebüsch zur Grube hin zu bahnen. Hinter dem Schlitten geht eine andere Frau, die die Grashaufen auf den Schlitten lädt und aufpaßt, daß nicht zuviel runterfällt, bevor man die Grube erreicht, in die das Gras wie in einen Silo geworfen wird. Der Ochse hat es denkbar gut. Als die Grube etwa bis zu einem Viertel mit Gras gefüllt ist, läßt man ihn hinuntergehen, und er kann fressen und fressen, soviel er will; die Hauptsache ist, daß er ständig auf dem mit Weidenzweigen bedeckten Gras herumtrampelt.

»Wozu ist das nun wieder?« wende ich mich an Gertrud, die das ja wissen muß.

»Zur Gärung!«

Endlich ist es Abend, und wir gehen müde und hungrig zurück in unseren Stall … Aber da ist ja mein Teich. Sowie ich, wie jeden Abend, im Wasser bin, fühle ich keinen einzigen der unzähligen Insektenstiche mehr, nichts als das Glück zu leben. Wieder bin ich erstaunt und dankbar, daß ich noch fähig bin, das zu empfinden. Nach neun Lagerjahren sind die meisten für diese Dinge des Lebens vollkommen abgestumpft … ich aber fange erst an zu leben.

Am dritten Tag brach sich das Mädchen, das für Toska, die Stute, verantwortlich war, draußen bei der Arbeit ein Bein. Man brachte sie auf dem Ochsenkarren zum nächsten Dorf. Sie mußte ersetzt werden.

»Geh und melde dich! Du führst Toska, und ich gehe mit der Harke hinterher!«

Ich meldete mich, und mir wurde Toska zugeteilt. Mit der einen Hand das Pferd führen, mit der anderen die Axt schwingen, das ging ja noch. Aber abends dann, als alle auf ihr Pferd stiegen … und ich hatte noch nie auf einem Pferd gesessen, da bekam ich es doch mit der Angst zu tun! Toska hatte weder Sattel noch Steigbügel … nur einen Halfter.

»Du steigst von links auf, immer etwas hinten. Wenn du oben bist, halte dich so weit wie möglich am Hals fest. Ich helfe dir beim Aufsteigen.«

Und damit war mein Reitunterricht beendet. Gertrud hielt ihre beiden Hände gefaltet zusammen, so daß ich meinen Fuß hineinstellen und mich auf Toska, die Breite, schwingen konnte.

»Niemand darf merken, daß du zum erstenmal auf einem Pferd sitzt, sonst ist morgen wieder alles aus, und wir müssen zwei Monate lang die schwere Arbeit machen!«

»Ja, ja, ich weiß. Ich tue, was ich kann.«

Toska, die Gute, trottet langsam und gleichmäßig; Maxim immer an ihrer Seite; vor mir zwei Ukrainerinnen auf ihren Pferden. Sie sitzen nicht zum erstenmal auf einem Pferd! Hinter mir die dritte, die wohl etwas von meiner Unsicherheit gemerkt hat. Plötzlich schlägt sie mit einer Weidenrute auf Toskas breites Hinterteil: Toska fängt sofort an zu galoppieren. »Halte dich immer schön vorn, dicht beim Hals«, repetiere ich meine Reitstunde und rutsche auf dem galoppierenden Pferd so weit ich kann nach vorn. Da sehe ich den dicken Ast quer über dem schmalen Weg, gerade in Höhe meines Kopfes. Toska galoppiert immer noch. Es gibt nur zwei Möglichkeiten: Entweder lasse ich mich rückwärts auf Toskas breites Hinterteil fallen, oder ich schlage mit dem Kopf gegen den Ast. Ich entschließe mich instinktiv für die erste Möglichkeit, lasse mich nach hinten fallen, während ich meine Beine zangenartig um Toskas Hals klammere. Angst hatte ich, aber gefallen bin ich nicht!

Zwei Wochen später war schon nichts mehr in dieser Gegend zu mähen. Wir mußten unseren Stall und ich auch meinen Teich verlassen. Wir wurden auf einen großen Schleppkahn verladen und fuhren die Petschora entlang. Wir lagen unten im Kielraum: auf der einen Seite die Gefangenen, auf der anderen die Pferde. Doch es waren nicht mehr dieselben Pferde. Toska und Maxim, der mir noch am letzten Tag mein mit weißem Käse bestrichenes Brot (es war das erste dieser Art seit meiner Gefangenschaft) stibitzt hatte, blieben in ihrer Umzäunung gegenüber dem Stall zurück.

Es wurde kühler und die Nächte länger. Unten im Kielraum war schwarze Nacht. Es fing an zu regnen. Das Schiffsdeck ließ den Regen durch. Bald waren wir bis auf die Haut durchnäßt. Ich mußte an die Dunkelheit und Kälte des Waggons denken.

Gertrud und ich hatten es erreicht, wieder zusammen zu liegen. Man konnte auf unserer Seite des Kielraums nur kriechen. Am vorderen Teil, wo dieser höher war, hatte man einen Bretterverschlag errichtet. Durch die Ritzen der Bretter schien Kerzenlicht. Ich sah einen Tisch, leere umgeschüttete Flaschen, überall Zigarettenstummel und -asche, mitten drin lag eine Soldatenmütze. Einer unserer Wärter schnarchte laut. Er lag hingelümmelt auf einer Bank, sicher vollkommen betrunken. Zwei andere schrien sich an. Unser junger Gitarrist sang mit grölender Stimme eines der melancholischen russischen Lieder. Der schlafende Soldat erwachte plötzlich und stürzte sich mit einem lauten Fluch auf den jungen Soldaten. Der Tisch fiel um, Flaschen zersprangen, die Kerzen erloschen, aber die Schlägerei ging weiter.

Angewidert kroch ich bis zur Mitte des Kielraums vor und ging auf Deck, um Luft zu schnappen. Ein Schlepper zog unseren Kahn. Die Nacht war grau und dunkel. Es nieselte. Wir kamen nur langsam vorwärts. Nach kurzer Zeit hörte es auf zu regnen. Zwischen Wolkenfetzen kam der Mond hervor.

Ich blieb lange auf Deck, ganz allein. Die Ufer waren vollkommen verlassen. Keine Lichter, keine Häuser …

Am nächsten Morgen legten wir an. Das Ufer stieg steil an, und wir hatten Mühe, die Pferde hinaufzuziehen. Diesmal wurde mir eine hellbraune Stute mit einem langen gelben Schweif zugeteilt, eine junge Stute, viel jünger und schmaler als Toska. Sie hieß Gonka. Nachdem die Pferde oben angebunden waren, gingen wir wieder zurück auf den Schleppkahn, um Brot und Suppe in Empfang zu nehmen. Hier in dieser Gegend wurden keine Gruben mehr ausgehoben. Wir befanden uns weiter im Süden, und das Gras konnte daher auf Holzgestängen getrocknet werden. Hier gab es außer den uns so wohlvertrauten Tannen und Birken schon die verschiedensten Laubbäume. Das Mähen war auch viel leichter, da man schon richtige kleine Wiesen fand und wir nicht jedes Grasbüschel mühselig zu suchen brauchten. Gertrud und ich beluden nach wie vor unseren Schlitten und zogen damit zu den Holzgestängen, wo zwei andere Frauen das Gras aufhängten. Abends geht es wieder auf unseren Schleppkahn. Wegen der starken Strömung der Petschora war es uns verboten worden zu schwimmen. Aber ich ließ es mir nicht nehmen, doch zu schwimmen! Das Wasser der Petschora war viel kälter als das Wasser meines kleinen Teiches. Einmal wurde ich vom Strom abgetrieben. Immer schneller und schneller. Ich brauchte alle meine Kraft, um mich endlich wieder dem Ufer zu nähern. Ein Soldat spazierte gerade dort entlang, wo ich meine Sachen gelassen hatte. Er bedeutete mir mit seinem Gewehr, an Land zu kommen. Ich versuchte ihm von weitem verständlich zu machen, daß ich nicht nackend aus dem Wasser käme, solange er noch dort sei. Schließlich begriff er, drehte sich um und ging! Später erzählte er mir, daß er erst geglaubt hätte, ein Reh triebe im Wasser.

»Ich hätte es fast erschossen«, sagte er.

Unsere Soldaten saßen schon um ein Feuer und wärmten sich die Hände: ich schwamm immer noch in der Petschora – jeden Tag – bis zum ersten Schnee. Eine befreiende Wohltat!

Jetzt ging die Sonne jeden Abend früher unter. Die Nächte wurden länger, die gleichen Szenen wiederholten sich: der Bretterverschlag mit dem Kerzenlicht und den betrunkenen, grölenden Soldaten. Ich ging auf Deck, um allein zu sein. Fast geräuschlos zog der Kahn durch das jetzt ruhige Wasser.

Ich denke zum erstenmal an die Zukunft ... jahrelang haben wir nur von der Vergangenheit gelebt ...

»Ich habe noch ein Jahr. Wohin wird man mich schicken? Nach Sibirien, wie Valentina Simeonowna? Wird man mich in Inta lassen, wie Marlene? Nach Deutschland ...?«

Ich darf nicht daran denken, ich muß vernünftig bleiben.

Merkwürdig, meine Mutter hatte mir immer noch nicht geschrieben. Pakete waren schon gekommen, aber keine einzige Zeile ... Und dann kamen sie wieder, diese Bilder: der Waggon, Sangorodok, Wanja, Valentina, die mir nicht mehr zu schreiben wagte, und alle die Toten ... Ich sah die nächtliche Petschora, den wolkenverhangenen Himmel, und die Ruhe dieser Unendlichkeit überkam auch mich.

Plötzlich fühlte ich die Kälte. Ich ging zurück in den Kielraum und legte mich ganz dicht neben die fest schlafende Gertrud, um mich bei ihr zu erwärmen.

Drei Wochen führten wir dieses Leben: tagsüber Arbeit, Mücken, rauchende Feuer, Wassersuppe und das ewige Stück dieses schwarzen, feuchten Brotes. Gonka, meine Stute – so jung, so klug, so voller Leben –, ich reite täglich mit ihr weit durch die Tundra. Gewöhnlich sagte ich zu Gertrud: »Wenn man nach mir fragt, sagst du einfach, ich bin auf der Suche nach Gras!«

Die Tundra ist so weit, so unendlich, daß niemand unsere Abwesenheit bemerkt, weder die Brigadierin noch unser Aufseher, und doch bleiben Gonka und ich jeden Tag länger weg. Gertrud schläft, während ich durch die Tundra reite, unter einem Baum oder auch in der milden Endsommersonne. Aber das eigentliche Fest beginnt erst abends, wenn Gonka und ich in der Petschora baden. Wie gut kann sie zuhören, wenn ich mit ihr spreche! Ich lebe und ich liebe dieses Leben. Wie froh bin ich, daß ich den Machorka-Aufguß nicht getrunken habe!

Eines Morgens, nachdem ich, wie so oft, einen Teil der Nacht auf Deck zugebracht hatte, sah ich plötzlich am linken Flußufer Häuser auftauchen. Der Schleppkahn bewegte sich nur ganz langsam vorwärts. Dem Rauch nach zu urteilen, der aus den Schornsteinen dieser Lehmhütten aufstieg, wurde überall die Frühstückssuppe gekocht. An der Anlegestelle stand ein kleines, etwa fünfjähriges Mädchen und beobachtete das Anlegemanöver, das ausdruckslose, stumpfe Gesicht einer alten Frau. Seine Kinderaugen spiegelten das Leid der Menschheit wider, so schien es mir.

Die Soldaten, betrunken wie fast immer, befahlen uns, das Boot zu verlassen. Die Pferde wurden erst später auf dem gegenüberliegenden Ufer an Land gebracht. Wir durchquerten das traurige Dorf, in dem es weder Gärten noch Blumen gab, und gelangten an unsere Unterkunft. Niemand ließ sich auf der Straße sehen. Ein ausgestorbenes Dorf? Ich fühlte die Blicke der ängstlichen Menschen, die hinter ihren kleinen Fenstern neugierig versuchten, unter den vorbeiziehenden Gefangenen ein bekanntes Gesicht zu entdecken. In diesem Dorf waren ehemalige Häftlinge zwangsangesiedelt worden. Diese »Ehemaligen« fürchteten, ihre Freiheit zu verlieren, wenn sie mit uns redeten. Es war ein vollkommen abgelegenes Dorf, in dem im Sommer alle zwei Wochen mal ein Boot anlegte; im Winter waren sie abgeschnitten von der Welt. Sie blieben in ihren Hütten und tranken Wodka, solange es noch welchen gab … Wir hielten vor einem etwas größeren Haus. Ein Gemeinschaftshaus? Vielleicht. Wir richteten uns auf dem Fußboden des größten Raumes unsere Schlafplätze her: eingeschichtet, wie im Waggon. Unsere Aufseher schliefen im Nebenzimmer und mußten, wenn sie nachts betrunken zurückkamen, über unsere Füße steigen, um zu ihrem Zimmer zu gelangen … Hinter dem Haus war ein Verschlag: die öffentliche Latrine. Dahinter führte eine kleine Straße ins Dorf. Dort traf ich Irmgard, das »Landei«, wie wir sie spöttelnd getauft hatten. Sie war eine große, starke Ostpreußin vom Land, sehr hilfsbereit und immer freundlich. Sie freute sich, mich zu sehen, blickte aber sofort um sich, um sicher zu sein, daß niemand uns sah! Sie hatte nur fünf Jahre gesessen und nach ihrer Freilassung bereits geheiratet und einen Jungen zur Welt gebracht. Seit zwei Jahren lebte sie schon mit ihrem Mann, einem Polen, in diesem weltvergessenen Dorf. Wieder gingen ihre Blicke ängstlich nach rechts und nach links. »Nein«, sagte ich, »niemand sieht uns hier. Du brauchst keine Angst zu haben, ich halte dich nicht länger auf! Leb wohl!« Ich ließ sie stehen, sie sollte ihre Scheinfreiheit meinetwegen nicht aufs Spiel setzen. Sollte das mein Los sein nach meiner Freilassung im nächsten Jahr? Denn das ist die Freiheit, die einem nach abgeleisteter Haftzeit zugestanden wird. Marlene war 1952 nach siebenjähriger Haft frei geworden. Sie durfte Inta bis 1955 nicht verlassen. Drei Jahre lang durfte sie sich nur im Umkreis von 40 Kilometern bewegen und mußte sich wöchentlich einmal bei der Kommandantur melden. Aber die meisten der entlassenen Häftlinge wurden in abgelegene Dörfer geschickt, wie in dieses traurige, lehmige Dorf hier mit seinen höchstens zwanzig Häusern! Nein, nur das nicht! Da ist selbst das Lager noch vorzuziehen: Dort habe ich nichts mehr zu verlieren, und gerade weil man nichts mehr zu verlieren hat, ist man von einer großen inneren Freiheit. Die Frauen und Mädchen mähten immer noch Gras, während ich meine Eskapaden mit Gonka, meiner jungen Stute, wieder aufnahm. Eine wehmütige Stimmung überkam mich bei dem Gedanken, daß wir bald wieder ins Lager zurückgebracht würden. Gertrud dagegen freute sich darauf; sie, die mich überredet hatte, zur Heuernte mitzukommen, konnte die Rückkehr ins Lager kaum erwarten. Sie war zu alt und krank, um noch länger in Kielräumen von Schleppkähnen oder auf bloßem Fußboden zu schlafen. Elend wie sie jetzt war, erschien ihr das Lager mit seinen Baracken und Holzpritschen, auf denen Säcke, die wir mit Hobelspänen gefüllt hatten, lagen, eine Zufluchtsstätte ... Ich aber, wie wäre ich glücklich, wenn dieser wunderbare Sommer noch nicht zu Ende wäre! Was bedeuteten mir schon die Fliegen und die angeschwollenen Augen? Was kümmerten mich die betrunkenen Soldaten? Was war das alles im Vergleich zu dem starken, neuen pulsierenden Leben, das mich seit der Zeit an der Petschora erfüllte!

X

Nach dem Tode Stalins 1953 konnten wir die auf den Rücken unserer Sachen genähten Nummernlappen abtrennen. Wir wurden wieder bei unserem Namen genannt. Kurze Zeit darauf wurden Millionen politischer Häftlinge entlassen: die erste Amnestie dieser Art seit Bestehen der Sowjetunion.

Zuerst wurden die zu fünf Jahren Verurteilten entlassen, dann diejenigen, die zu zehn Jahren verurteilt waren und schon sieben Jahre davon abgearbeitet hatten. Die zu 15 oder 25 Jahren Verurteilten atmeten auf und konnten nun auch ihrerseits mit einem Straferlaß rechnen.

Woche für Woche zogen große Kolonnen Gefangener durch das Lagertor in die Freiheit: Sie konnten in Inta bleiben oder wurden nach Sibirien verschickt. Die nur zu kleinen Strafen Verurteilten durften wieder dorthin zurückfahren, wo sie verhaftet worden waren.

All dies brachte einschneidende Veränderungen mit sich.

Ich hatte damals auch bereits zwei Drittel meiner Strafe hinter mir und rechnete mit meiner unmittelbaren Entlassung. Jede Woche wartete ich darauf, daß mein Name auch verlesen würde. Das Lager war schon fast völlig leer. Da, wo einmal 2000 Frauen gelebt hatten, waren jetzt nur noch etwa 100.

Wie in allen Gefängnissen der Welt, so kursierten auch hier die unglaubwürdigsten und sich häufig widersprechenden Gerüchte. Das gehört einfach zum Gefängnisleben, wie die Pritsche und der Eimer. Das schönste, aber leider auch das am wenigsten glaubhafte all dieser Gerüchte war folgendes: In einem Männerlager hatte jemand gesagt, dass die Deutschen gesammelt und nach Deutschland zurückgeschickt würden.

Wenn das wahr wäre …! Nein, nur nicht zuviel daran denken, die Enttäuschung wäre fast unerträglich!

Warum läßt man mich nicht als Freie in Inta leben oder schickt mich meinetwegen nach Sibirien? Einmal allein eine Straße entlanggehen, ohne Aufseher mit geschultertem Gewehr …

Schließlich hab' ich lange schon die für eine vorzeitige Entlassung erforderlichen zwei Drittel meiner Strafe hinter mir, genau wie die anderen, die schon vor mir das Lager verlassen haben. In der Arbeit hatten sie keinen Unterschied gemacht, da hatte ich genauso rangemußt wie die Russinnen, da war vollkommene Gleichheit. Warum macht man jetzt plötzlich diesen Unterschied zwischen mir und ihnen? Ich war in meinem Lager die einzige Deutsche, die Anspruch auf Freilassung haben konnte … und sie ließen mich nicht frei …

Jetzt waren wir nur noch etwa 30 Frauen, nur noch Deutsche – und Agnes, die in Rußland geborene Deutsche. Man ließ uns alle nicht mehr zur Arbeit. Wir saßen in der Baracke herum, hatten keinen Kontakt mehr mit der Außenwelt, daher auch keine Neuigkeiten oder Gerüchte. Nichts ist schlimmer, als tatenlos auf etwas Unbestimmtes zu warten. Dann schon lieber wieder raus zur Arbeit. Schon einen Monat dauerte dieser Zustand. Die Spannung in der Baracke wurde unerträglich.

»Wartet, ich habe eine Idee!« schrie ich plötzlich.

»Was für eine Idee«, wollte man wissen.

»Wartet ab, ihr werdet es gleich erfahren!«

Ich ging, nein, rannte, geradewegs zum Lageroffizier und bat um eine persönliche Rücksprache. Er saß hinter seinem Schreibtisch, rechts von ihm, auf einer Bank an der Wand, döste ein Unteroffizier vor sich hin. »Was willst du?« richtete er sich an mich.

»Wissen Sie, ich habe eine sehr heikle Frage. Man sagt hier überall, d.h., ich habe gehört, daß wir nach Deutschland geschickt werden sollen, und möchte wissen, was ich tun kann, um hierzubleiben.«

Sein entgeistertes Gesicht belustigte mich! Er stand auf und sah mich fassungslos an. Selbst der vor sich hin dösende Unteroffizier war aufgestanden, um mich von nahem zu betrachten … Ich glaube, sie hätten so etwas nicht für möglich gehalten, wenn es nicht eben gerade hier geschah.

»Ja, warum willst du denn hierbleiben?«

»Ganz einfach darum, weil ich mich hier jetzt zu Hause fühle. Ich habe Freunde hier, kann die Sprache, warum soll ich denn nicht weiter hier leben? Das Deutschland der Nachkriegszeit kenne ich nicht mehr … ich habe Angst, den Anschluß nicht zu finden … Hier aber weiß ich, dass ich leben kann.«

»Gut, ich verstehe. Wenn du hierbleiben willst, mußt du sofort ein Gesuch nach Moskau schreiben (und er gab mir die Adresse!) und um die russische Staatsangehörigkeit bitten. Vielleicht läßt man dich dann hier. Aber beeile dich!«

»Vielen Dank«, und ich verschwand im Eilschritt. Dann rannte ich zurück zur Baracke. So war das schönste aller Gerüchte doch wahr:

»Wir fahren nach Deutschland, ich weiß es vom Lagerchef persönlich«, schrie ich in den Lärm hinein.

Seine Antwort war eindeutig und klar. Moskau konnte lange auf mein Gesuch warten!

Im November 1954, nur einige Tage nachdem ich dem Lagerchef meine ihm einfältig scheinende Frage gestellt hatte, verließen wir abends das Lager. Große, nasse Schneeflocken fielen auf unsere Gesichter, hüllten uns ein. Agnes blieb allein zurück. Sie stand am Tor, und wir weinten beide.

Nicht weit vom Lager, auf den von uns gelegten Eisenbahnschienen, wartete bereits der Zug; ein Güterzug, wie schon damals, vor zehn Jahren. Langsam rollte er an Inta vorbei. Inta, wo ich fast an jedem Haus, bei jeder Straße irgendwann mal mit Hand angelegt hatte, Inta, diese Stadt, die nicht einmal ein Dorf war, als wir ankamen, verschwand hinter mir in der Nacht. Heimweh? Sehnsucht? Jetzt schon? Unmöglich!

»Merkwürdig, ich habe den Eindruck, daß wir nicht nach Süden, sondern vielmehr nach Norden fahren ...«

Es schien uns unmöglich, wir wollten es nicht wahrhaben und doch, der Zug fuhr Richtung Norden ... also doch nicht Richtung Deutschland? Dabei hatte mir doch der Offizier, als er neben mir stand und ich gerade in den Waggon klettern wollte, noch leise gesagt: »Nimm etwas Schnee mit ... dort, wohin du jetzt fährst, gibt es keinen.«

Der Waggon, wie gewöhnlich ein Viehwaggon, stank erbärmlich. Wir hatten natürlich kein Licht, aber die langsam immer kleiner werdenden Lichter der Stadt Inta ließen uns ganz klar erkennen, daß wir tatsächlich immer weiter nördlich fuhren.

Am nächsten Morgen erreichten wir Abes. Wir wurden in ein kleines Lager, nicht weit von der Bahnlinie entfernt, gebracht. Es war ein Lager, das ursprünglich für kranke und alte Frauen bestimmt war. Täglich kamen aus Workutta und anderen Lagern im Norden Transporte an. Deutsche, nur Deutsche. Vielleicht war Abes nur ein Sammellager. Sicher werden wir doch noch nach Deutschland kommen. Es vergehen Wochen ... Man schickt uns wieder zur Arbeit. Ich bin froh darüber, denn nur so ist die Zeit des endlosen Wartens einigermaßen zu ertragen. Wir, Christiane und ich, werden zum Essenservieren eingeteilt, später arbeiten wir in der Kipjatilka, wo Wasser gekocht und verteilt wird. Alles nur kleine, leichte Arbeiten, die wir gerne machen. Manchmal mußte ich raus, die Eisenbahnschienen vom Schnee freischippen. Diese Schienen, die so geradeaus und endlos weit nach Südwesten gingen … sie zogen meinen Blick geradezu in die Weite. Hinter mir, nach Nordosten hin, sehe ich die Komis, die Eingeborenen dieser Gegend, die von weitem in ihrer Rentierfellkleidung, mit ihren Rentier- oder auch Hundeschlitten wie Eskimos anmuten.

Unglaublich, welche Anziehungskraft diese Schienen auf mich ausüben. Wieder sehe ich angestrengt nach Südwesten, dahin, wo ich Europa vermute. Europa? Deutschland? Werden wir es je wiedersehen? Fast scheint es unmöglich, wir haben zu viel gesehen … Und wieder steigen Zweifel in mir auf. Als ich eines Abends von meinen Schienen zurück in die Baracke komme, liegt eine kleine, schwarze Katze auf meinem Platz. Ich will sie nicht und jage sie weg. Zwei Minuten später ist sie wieder da, diese kleine, schwarze, krummbeinige Katze mit ihren bernsteinfarbenen Augen. Ich jage sie wieder von meinem Platz … doch dann gebe ich auf: sie bleibt und legt sich nachts wie ein warmer Schal um meinen Hals.

Und wieder kursieren Gerüchte. Alle Deutschen werden nach Mittelasien, Karaganda, verschickt. Dort herrscht das ganze Jahr über eine feuchte, dampfende Hitze, so hieß es, die nur wenige der Gefangenen, die jahrelang im Norden gelebt hatten, vertrugen. Kein Tag vergeht, ohne daß eine stirbt … besonders Frauen über 40 … Plötzlich hieß es wieder, daß noch vor den Deutschen alle sowjetrussischen Gefangenen, die hier in Abes als Kranke und Gebrechliche waren, nach Karaganda geschickt würden. Da beschlossen Christiane und ich zu verhindern, daß unsere herzkranke litauische

Freundin Stassia Abes verließe. Sie hätte Karaganda nicht überlebt.

Das schwierigste Problem war hierbei nur, den genauen Zeitpunkt des Abtransportes zu erfahren. Denn Stassia mußte frühestens am Vorabend oder spätestens am Morgen des Transporttages krank werden. Unsere selbstgemachten Krankheiten dauerten nie länger als zwei bis drei Tage. Man hätte sich natürlich auch einen Fuß oder eine Hand abhacken können, das war früher oft vorgekommen, doch man gewann nichts damit: einen neuen Prozeß, eine noch höhere Strafe … Das Vergehen: Sabotage.

Es war einfach nicht festzustellen, ob und wann tatsächlich dieser Transport nach Karaganda ginge. Wir lebten, wie so oft, in völliger Ungewißheit. Alles war bereit: die Spritze, Milch, und wir hatten auch schon das Versteck ausfindig gemacht, wo wir Stassia die Spritze geben wollten, es durfte uns niemand dabei überraschen. »Der Abtransport ist bestimmt morgen!«

»Woher willst du das so genau wissen? Wer hat dir das denn gesagt, Christiane?«

»Niemand. Aber für die Nebenbaracke hat bereits die Kofferausgabe begonnen. Hier wird auch gleich jemand erscheinen und es ansagen. Alle Russinnen werden aufgerufen. Da ist es doch ganz klar, daß der Transport für morgen vorgesehen ist. Ich hole die Milch. Wir müssen uns jetzt beeilen.«

Wir gingen zu dritt in das kleine Wasserhäuschen. Ich hatte Nachtdienst, niemand kam zu dieser Zeit dorthin. Christiane gab Stassia die Milchspritze in den linken Oberschenkel. Noch in der gleichen Nacht bekam unsere »Kranke« über 40° Fieber. Der Lagerarzt stellte eine bis dahin dort oben unbekannte Grippe fest. Er hatte den riesigen roten Fleck auf Stassias Oberschenkel nicht gesehen. Groß wie eine Schiebermütze.

Arme Stassia, sie litt entsetzlich. Das Fieber stieg noch immer, wir wischten ihr den Schweiß von der Stirn. Jetzt bekamen wir doch Angst … und das Schlimmste: der Zug für den Abtransport kam und kam nicht …

Stassia erholte sich nur sehr langsam. Das nächste Mal müssen wir uns etwas anderes einfallen lassen. Wir beschlossen, sie einfach zu verstecken. Weder Wasserhäuschen noch Dachboden schienen uns sicher genug zu sein. Manchmal versteckten sich Frauen, die nicht mit auf Transport gehen wollten, in Schneehöhlen; nur eine gute Freundin wußte dann, wo sich diese Höhle befand, und brachte ihr regelmäßig Essen und heißes Wasser, damit sie nicht erfror. Wir hatten aber zu wenig Schnee im Lager, man hatte erst gerade alle Schneeberge aus dem Lager gefahren, so daß man sofort eine Schneehöhle entdeckt hätte … Dann kam uns die Idee, sie ganz einfach in unserer Baracke zu verstecken: niemand würde sie unter einer Matratze vermuten, das war ein ganz neues Versteck. Ich durfte, da ich nachts im Wasserhaus arbeitete, tagsüber schlafen und brauchte weder morgens noch abends zur Zählung aufzustehen. Die Lagerbestimmungen waren jetzt weniger streng als zu Stalins Zeiten. Also versteckten wir Stassia ganz früh morgens – um uns herum schliefen noch alle – unter meiner Matratze, einem prall mit Hobelspänen gefüllten Sack. Ich legte mich vorsichtig darauf … und schlief. Niemand würde Stassia unter meiner Matratze vermuten, und ich selbst hatte das Recht, den ganzen Tag zu schlafen. Wie alle, die zur Etappe aufgerufen worden waren, hatte auch Stassia ihren Koffer in Empfang genommen und dann in einen bestimmten Raum zur Durchsuchung bringen müssen. Dort blieben die Koffer bis zum Abtransport. Sie hätte ihn gern dort rausgeholt … doch das wäre zu riskant gewesen, also ließen wir den Koffer dort … Endlich kam der Zug, und man suchte Stassia, im Wasserhaus, in der Waschküche, auf dem Dachboden … Sie kamen mehrere Male in unsere Baracke, um unter allen Betten zu suchen. Ohne Erfolg. Ab und zu gab ich der halberstickten Stassia ein Zeichen; sie kam mit dem Kopf unter der Matratze hervor und holte ein paarmal tief Luft.

Inzwischen war es Abend geworden. Im Lager hieß es, der Zug sei abgefahren – ohne Stassia. Eine Deutsche setzt sich mir gegenüber auf die Pritsche:

»Hör mal, du bist doch mit Stassia befreundet, du mußt doch wissen, wo sie ist. Sie kann doch jetzt rauskommen, es ist doch sowieso alles vorüber.«

»Natürlich weiß ich, wo sie ist, ist ja klar. Aber dir werde ich es nicht gerade auf die Nase binden, das ist ebenso klar!«

Es war im ganzen Lager bekannt, daß diese Deutsche ein Spitzel war. Kaum hatte ich ihr geantwortet, als Stassia rot und schweißgebadet unter der Matratze hervorlugte: Sie hatte nicht bemerkt, daß die andere noch da war. Die Deutsche verließ die Baracke, Stassia kroch wieder unter meine Matratze. Ein Soldat kommt in die Baracke und direkt auf meinen Platz zu.

»Steh sofort auf!« brüllt er mich an.

»Ich stehe nur auf, wenn ein Offizier es mir sagt. Ich habe das Recht, bis zu meinem Arbeitsanfang liegen zu bleiben.«

Er kam mit einem Offizier zurück. Ich bin nicht aufgestanden. Sie zogen mich beide von meiner Matratze … Stassia wurde von den beiden Männern abgeschleppt. Wohin brachte man sie? Noch zum Zug? In den Karzer? Wir durften nicht hinterher. Wie sollten wir es erfahren?

Die Deutsche kam zurück. Sie warf sich vor mir auf die Knie und beteuerte ihre Unschuld:

»Ich schwöre dir, daß ich euch nicht verraten habe«, sagte sie und hob die Hand zum Schwur.

Sie ekelte mich an, so sehr, daß ich ihr nicht mal antwortete.

Zwei Soldaten und ein Offizier kommen auf uns zu.

»Goldacker und Senkpiehl mitkommen!«

Wie gut sie doch informiert waren, da sie selbst unsere Familiennamen wußten! Sie brachten uns zum Karzer, und als wir auf dem schmalen Korridor waren, schrie Christiane aus Leibeskräften: »Stassia, Stassia!«

Als man uns in unsere Zelle stieß, hörten wir noch gerade Stassias Antwort: Gott sei Dank, sie war hier, ihr Koffer fuhr ohne sie nach Karaganda …

Zehn Tage später ist Weihnachten. Das 10. Weihnachtsfest in Gefangenschaft. Wir warten immer noch auf den Abtransport. Die Zeit steht still. Keine Gerüchte, keine Transporte mehr. Ist Abes Endstation? Wie immer haben wir einen kleinen Tannenbaum … Diesmal ist er kerzengeschmückt: Einige von uns hatten Weihnachtskerzen in ihren Rotkreuzpaketen bekommen. Wir singen die alten Weihnachtslieder, essen unsere Brottorte, trinken »Braga«. Ohne uns zu verstecken. Angst? Wovor? Wir haben nichts mehr zu verlieren.

Unser gegenseitiger Neujahrswunsch war wie immer der gleiche, seit 10 Jahren schon!

»Daß dieses Jahr dir die Freiheit bringen möge!«

Wochen vergingen. Nichts rührte sich. Ein paar Frauen beschlossen, nicht mehr zu arbeiten. Sie riefen uns alle zum Streik auf. Christiane und ich waren dagegen. Wir wollten nicht in den Baracken herumlungern, ohne zu arbeiten. Die letzten langen Wochen in Inta waren uns noch in unangenehmer Erinnerung. Wir beschlossen, unserer Arbeit in dem Wasserhäuschen weiter nachzugehen.

Olga, eine Deutsche, die mit dem Transport aus Workutta gekommen war und als erste zum Streik aufgerufen hatte, bedrohte uns. Wir machten uns über sie und ihre Drohungen lustig und gingen weiter ruhig unserer Arbeit nach. Bis zu dem Tage, an dem ein großes Küchenmesser verschwand … es wurde im Schnee neben dem Wasserhaus gefunden. Uns lief noch nachträglich eine Gänsehaut über den Rücken.

Die Tage schlichen dahin, endlos lange Tage und Nächte. Februar 1955 …

Mit jedem Tag schwand unsere Hoffnung auf einen Rücktransport nach Deutschland. Wir saßen wie in einem stinkenden Teich ohne Abfluß … Frau R. aus Österreich erheiterte uns mit ihren launigen Geschichten. Sie konnte wunderbar erzählen und Gedichte aufsagen. Dann kam, plötzlich und innerhalb einer einzigen Stunde, der Abtransport aus Abes. Wir ließen unsere litauischen und lettischen Freundinnen zurück … und ich meine kleine, schwarze, krummbeinige Katze. Ich hätte sie so gern mitgenommen … Draußen, auf den Eisenbahngleisen vor dem Lager, wartete bereits der Zug. Christiane und ich hatten Glück: Es gelang uns, einen Platz oben auf den Brettern zu finden, dicht neben dem Fenster. Aber der Zug fuhr nicht ab … Diese elende Zählerei wird unerträglich. Es ist geradezu lächerlich! Wer würde versuchen hierzubleiben, jetzt, wo es doch zurück nach Deutschland geht! Niemand wäre auf die Idee gekommen, sich in Abes zu verstecken … Ein Ruck, und wir fahren … Richtung Süden. Gott sei Dank! Wir verlassen den Norden, die Tundra … Nie wieder werden wir diese unendliche Weite erleben, die mich in ihrer Größe so tief beeindruckt hat.

Wir fahren, fahren. Weder Dörfer noch Städte. Nur Schnee und Weite, uralte Bäume, erst vereinzelt, dann ganze Wälder. Von welcher Schönheit ist diese nordische Landschaft … dann

Baracken, stacheldrahtumzäunt ... Wieviel Tragik liegt dahinter ... Je weiter wir nach Süden fahren, desto dichter wird die Vegetation. Eines Abends verlangsamt der Zug sein Tempo. Es ist noch nicht ganz dunkel. Das Dorf neben der Bahnlinie erinnert an das verlassene Dorf an der Petschora. Schwer stapft ein Mann torkelnd durch den hohen Schnee. Betrunken? Am Ende seiner Kräfte? Er fällt schwer in den Schnee und bleibt liegen ... Morgen, oder vielleicht auch erst im Sommer, wird man ihn finden – er starb als Freier.

XI

Wir fahren immer weiter südlich. Müßten wir nicht eigentlich bald nach Westen abbiegen?

Nach zehn Tagen endlich hält der Zug. Mitten im Wald. Ich klettere aus dem Waggon, Iwan Iwanowitschs Koffer fest in der Hand. Nichts als Schnee und dicker undurchdringlicher Wald um uns herum, kein Bahnhof ... Die übrigen Waggons bleiben verschlossen, nur wir Frauen stapfen durch den hohen Schnee auf den undurchdringlichen Wald zu. Kein Weg, kein Pfad – nur Schnee und Bäume ...

Wo sind wir? Wohin führt man uns? Ist das das Ende? Vielleicht. Alles, was wir gehört haben, die Rückkehr nach Deutschland ... es sind doch alles nur Gerüchte; sicher ist man nie in diesem Land ... Und doch, wie wohl tut dieser Marsch in der frischen Winterluft. Ich atme sie in vollen Zügen. Wie lange noch? Sie können uns ganz einfach hierlassen, abknallen ... im Schnee verscharren. Das ist ganz einfach. Warum schleppen wir nur unsere Koffer mit? Warum nur, wenn dieser Marsch der letzte ist?

Da tauchen plötzlich vor uns Baracken auf! Richtige Baracken, wie wir sie seit Jahren kennen und gewöhnt sind. Wir erreichen ein vor kurzer Zeit evakuiertes Lager. Nur noch Deutsche. Jetzt sind wir überzeugt davon, daß wir auf dem Weg nach Deutschland sind ...

Zum erstenmal seit zehn Jahren hat jede einen ganzen Platz für sich allein zum Schlafen. Am nächsten Tag werden wir zur Arbeit aufgerufen. Diesmal sind wir uns alle einig und lehnen es ab, auch nur noch einen einzigen Handschlag für die Sowjets zu tun.

Man zerrt uns einzeln, eine nach der anderen, zum großen

Tor: Und eine nach der anderen, einmal vom Aufseher losgelassen (er mußte ja Nachschub holen!), laufen wir wieder zurück in unsere Baracken. Es war ein Spiel für uns, und bald hatten unsere Aufseher genug davon und ließen uns in den Baracken.

Sie ließen eine Inspektion aus Moskau kommen. Wir werden alle, soweit Platz ist, in den Speisesaal geschickt. Damit auch die, die keinen Platz im Saal haben, in den Genuß des Vortrages eines der Offiziere kommen, sind zwei aufeinanderfolgende Versammlungen vorgesehen. Ich bin mit der ersten Gruppe in den Saal gekommen und höre aufmerksam den Ausführungen des Offiziers zu.

»Wohl hat es eine Amnestie für politische Häftlinge gegeben, doch das gilt nicht für euch hier! Ihr alle werdet bis zum Ende eurer Strafe hierbleiben und jedes einzelne Jahr arbeiten, um eure Schuld gegenüber dem Sowjetstaat auf diese Weise zu begleichen. Später, wenn ihr eure 15 oder 25 Jahre abgearbeitet habt, werden wir entscheiden, ob wir euch nach Deutschland zurückschicken …«

Schallendes Gelächter und Gepfeife ertönte bald aus allen Ecken des Saales. Vergeblich versuchte der Offizier, seine Ausführungen fortzusetzen:

»Ihr werdet alle arbeiten, unaufhörlich arbeiten und nicht aufhören zu arbeiten, bevor ihr eure Schuld gesühnt habt. Wenn ihr euch einer Begnadigung würdig erwiesen habt, werden wir über euer weiteres Schicksal entscheiden …«

Hohngelächter, Zwischenrufe, allgemeines Chaos … Er hat seinen Vortrag nie zu Ende halten können.

Lachend und schreiend verließen wir den Speisesaal. Die vorgesehene zweite Versammlung wurde abgesagt, statt dessen rief man uns einzeln vor die vier Offiziere aus Moskau.

»Was werden Sie erzählen, wenn wir Sie doch nach Deutschland fahren ließen?«

»Ich?« fragte ich unschuldig. »Die volle Wahrheit, nichts als die Wahrheit!«

Es folgte eine Stille, während der ich belustigt den Gesichtsausdruck der vier Offiziere beobachtete: erst sah man Verwunderung, dann merkliche Unruhe. Keiner sprach ein Wort. Nachdem ich diese Stille und die Wirkung meiner Worte ausgekostet hatte, fuhr ich langsam fort:

»Die ersten Jahre waren entsetzlich, aber ich habe das Glück gehabt zu überleben. Später habe ich mich an das Gefangenendasein gewöhnt. Und heute bin ich glücklich – das können Sie mir glauben oder nicht –, die Sprache Puschkins und Lermontows gelernt zu haben.«

Ich hatte den Eindruck, als ob die Offiziere erleichtert aufatmeten. Kurze Zeit nach dem Besuch der Moskauer Offiziere entschlossen wir uns, doch arbeiten zu gehen. Nicht etwa aus blindem Gehorsam, nein, die Wartezeit verging auf diese Weise schneller. Wir arbeiteten auch nur gerade eben soviel, wie es uns Spaß machte. Es war angenehm, morgens das Lager zu verlassen und durch den schmelzenden Schnee zur Gärtnerei in der Nähe des Lagers zu stapfen. Der Schnee schmolz und es roch fast schon nach Frühling, ein längst vergessener Duft. So verging die Zeit, wir gingen raus, arbeiteten etwas, kamen abends zurück ins Lager. Wie viele Tage dauert dieses Warten noch? Wohin hatte man die Männer gebracht, die mit uns vom hohen Norden gekommen waren und deren Waggons verschlossen blieben, als wir mitten im Wald ausgeladen wurden? Die Antworten hierauf entsprangen unserer Phantasie: wir schlossen Wetten ab.

»Ich wette mit dir um eine echte Lederhandtasche«, sagte

Anna, »dass wir im Juni schon zusammen auf dem Kurfürstendamm spazierenbummeln.«

»Ich sage, nicht vor Mitte August.«

»Mir ist das vollkommen egal; die Hauptsache ist, wir sind Weihnachten zu Hause.«

Wir hatten Ende März. Im April verließen wir endlich dieses vollkommen isolierte Lager.

Die Männer warten bereits neben dem Zug, der für uns bereitsteht. Natürlich fängt die endlose Zählerei wieder an. Und doch, es ist nicht mehr dasselbe. Fast läßt es uns vollkommen gleichgültig.

Der Waggon, in den wir klettern, unterschied sich in nichts von denjenigen, die wir bisher kannten.

Ich weiß nicht mehr, wer von uns angefangen hat, aber plötzlich singen wir alle. Als das Lied verklungen ist, klopft ein Soldat von draußen und bittet uns weiterzusingen. Wir singen voller Vorfreude auf Deutschland, auf Europa weiter. Dann rollt der Zug in Richtung Westen, tagelang, nächtelang. Bis wir in Potma ankommen.

Als ich aus dem Waggon stieg und die frische Frühlingsluft einatmete, verlor ich für einen Augenblick das Bewußtsein. In dem Lager, in das wir gebracht wurden, stellten die Frauen Decken und Uniformen her. Tag und Nacht hatten hier die Gefangenen hinter ihren Nähmaschinen zu sitzen und zu nähen. Wir Neuen wurden für Feld- und Waldarbeiten außerhalb des Lagers eingeteilt. In jenem Lager habe ich meinen persönlichen Streik begonnen: Keinen einzigen Tag ging ich raus zur Arbeit. Ich hatte es verdient, jetzt endlich meine Ruhe zu haben. Schon lange hatte ich die zwei Drittel meiner Strafe abgearbeitet, die dafür ausreichten, daß ich eigentlich längst hätte freigelassen werden müssen. Andere, Russinnen, sie waren alle schon frei, ich nicht. Mit welcher Berechtigung hielten sie mich eigentlich hier noch fest? Bei der morgendlichen Zählung versteckte ich mich, das war nicht schwer. Daß die Zahl der Häftlinge immer stimmte, mag wohl daran liegen, daß sie nur dann Wert auf Genauigkeit legten, wenn es sich um einen abgehenden Transport handelte; so hatte ich meine Ruhe.

Einige von denen, die täglich raus zur Arbeit gingen, wurden zum Kartoffel-Aussortieren bestimmt. Eine sehr einträgliche Arbeit: Jeden Abend brachten sie in den Taschen ihrer Wattejacken versteckt einige Kartoffeln ins Lager. Wir sammelten sie für einen Kartoffelsalat zu Pfingsten; ich nahm sie in Empfang und hütete sie sorgfältig.

Am Pfingstsonnabend ging ich zur Küche und besorgte mir einen großen Kochtopf, um in der kleinen Paketküche unsere Kartoffeln zu kochen (die russischen Häftlinge bekamen häufig Mehl oder andere Getreideprodukte geschickt, und man hatte daher eine kleine Küche innerhalb des Lagers nur für »Pakete« eingerichtet). Es dauerte sehr lange, ehe meine acht Kilo Kartoffeln gar waren. Endlich ist es soweit, und ich betrete meine Baracke, den großen, dampfenden Kochtopf vor mir hertragend.

Irgend etwas ist hier los, das merke ich sofort.

»Was gibt es hier?« wende ich mich an die erste, die ich treffe.

»Durchsuchung, sie suchen Kartoffeln.«

Nein, nur das nicht! Was soll ich jetzt tun? Zurück in die Paketküche? Zu spät. Dann falle ich erst recht auf.

Also gehe ich auf meine Sektion zu, wo man noch nicht mit der Durchsuchung begonnen hat, sie sind noch auf der gegenüberliegenden Seite. Ich habe keinen Augenblick zu verlieren, gleich können sie hier sein. Ich stelle den schweren, dampfenden Topf auf mein Bett, lege das Kopfkissen und mich selbst darauf. Ich habe gerade noch Zeit, ein Handtuch um meinen Kopf zu schlingen, lasse mich auf Kopfkissen und Kartoffeltopf fallen, die Augen leicht verdreht: todkrank.

Kaum liege ich (übrigens äußerst unbequem), als sie auch schon kommen. Zum Glück fangen sie nicht auf meiner Seite an, so können die Kartoffeln noch ein wenig abkühlen. Mir ist jetzt wirklich schlecht: Wenn man nach Kartoffeln sucht und solche Mengen bei mir findet, bedeutet das nichts anderes als Diebstahl am Staat und damit eine neue Verurteilung. Und das gerade jetzt, so kurz vor meiner Freilassung. Mir läuft der kalte Angstschweiß über die Stirn. Jetzt kommen sie näher, suchen unter meiner Pritsche, öffnen die Schublade meines Nachtkästchens und nehmen mir mein kleines Messer weg. »So eine Frechheit, das brauche ich doch für meine Kartoffeln«, denke ich, »und im allgemeinen nehmen sie nur immer das, was sie gerade suchen … und heute sind Kartoffeln dran und keine Messer …« Wenn ich Angst habe, werde ich immer frech und sage: »Hören Sie mal, lassen Sie doch das Messer, Sie glauben doch selbst nicht, daß ich damit jemanden umbringen kann.«

»Sei doch ruhig«, stößt mich meine Nachbarin an. Sie war tatsächlich krank.

»Gut«, sagt da der Soldat, legt das Messer zurück und setzt seine Durchsuchung am Nebenbett fort.

Uff!

Am Abend kommen meine Freundinnen und fragen:

»Und die Kartoffeln?«

»Der Salat ist fertig«, ist meine stolze Antwort.

Während der letzten Wochen in Potma kamen häufig irgendwelche Inspektionen. Ich hörte nicht auf, Fragen wegen meiner Freilassung zu stellen. Schließlich zog es die Lagerleitung vor, mich während dieser Inspektionen in den Karzer zu bringen. Der Lagerchef selbst hatte auch schon mehr als genug von mir, täglich ging ich zu ihm ins Büro, stellte mich frech vor ihn hin, beide Hände in den Hosentaschen meines neuen Trainingsanzuges, den ich vom Roten Kreuz erhalten hatte. Was muß dieser Mann froh gewesen sein, als er Soja und mich eines schönen Junimorgens in ein anderes Lager abschieben konnte. Wir mußten in einen Zug einsteigen, diesmal war es ein richtiger Zug, leider dauerte die Fahrt nur sehr kurze Zeit. Wir befanden uns immer noch im Bereich von Potma. Vor einiger Zeit hatten wir erfahren, daß unweit unseres Lagers ein anderes lag, nur Ausländer sollten dort sein. Den erhaltenen Informationen gemäß war dies das letzte Lager: Von dort aus gingen regelmäßig Transporte nach Westen, so hieß es. Wir nähern uns einem Lager und sehen uns entsetzt an:

»So ein Mist«, sage ich zu Soja, »das hier ist doch kein Sammellager, sieht ganz so aus wie ein Gefängnis.«

»Hast du ein ruhiges Gewissen?«

»Ich? Natürlich … aber bei denen hier muß man auf alles gefaßt sein; man weiß nie genau, woran man ist. Und du, Soja?«

»Ich bin nicht weniger ruhig oder unruhig als du. Wenn sie wollen, finden sie immer etwas, was sie uns vorwerfen können.«

Wir kommen an eine große Brettertür, kein Stacheldraht. Dahinter ein zweistöckiges Steinhaus, keine Baracke … Hinter den vergitterten Fenstern erkennt man Frauen, die neugierig auf uns heruntersehen. Es besteht kein Zweifel mehr: das hier ist ein Gefängnis.

Soja läßt sich in die Zelle führen, ohne zu widersprechen. Ich verlange, einen Offizier zu sprechen. Ohne Erklärung, ohne Haftbefehl lasse ich mich nicht noch mal in ein Gefängnis sperren. Ich hätte ja normalerweise schon längst frei sein müssen. Ich warte eben vor dem Gefängnis, bis jemand kommt. Die beiden Soldaten, der eine, der uns begleitet hat, und der andere, der uns empfangen hat, wissen nicht genau, was sie machen sollen. Schließlich fängt einer an zu telefonieren. Er bekommt kurze Zeit darauf Verstärkung. Jetzt sind es drei gegen mich.

»Komm doch ruhig herein«, schreit Soja aus ihrer Zelle. »Es ist gar nicht so schlimm hier. Die Frauen, die hier sind, sind alle in der gleichen Lage wie wir: Sie haben ihre Strafe beendet und warten auf ihren Rücktransport. Du kannst ruhig reinkommen, es ist wirklich nicht schlecht hier.«

»Ich will erst eine Erklärung von einem Offizier haben.«

Der zuletzt gekommene Soldat wendet sich an mich:

»Heute ist Sonnabend, alle Offiziere haben bereits frei.«

Das ist sicherlich gelogen, aber was soll ich gegen drei Männer anfangen?

Da bin ich also wieder im Gefängnis, wie bei meiner Verhaftung vor zehn Jahren. In der Zelle liegen sieben Frauen auf ein paar eng aneinandergeschobenen, schräggestellten Brettern, die wohl als Betten dienen. Und da hat Soja gesagt, es sei nicht so schlimm hier?! Kaum dreht sich der Schlüssel im Schloß, als ich auch schon zu toben anfange: »Ich verlange einen Offizier, einen Offizier ...«

Schließlich fallen sie alle mit ein und schreien wie ich nach einem Offizier, bis wir heiser sind ... Am Montag kommt endlich ein Offizier mit unseren Papieren:

»Verzeihen Sie, es war ein Irrtum, Sie hier einzuliefern«, das ist die ganze Erklärung. Ein Tag mehr, ein Tag weniger im Gefängnis, was macht das schon ... Ich hätte ihn am liebsten geohrfeigt ...

Das Lager, in dem unser Soldat uns eigentlich abliefern

sollte, befand sich etwa 20 Minuten zu Fuß von diesem Gefängnis entfernt. Hinter dem Stacheldrahttor sah uns neugierig eine Gruppe von ungefähr 15 Männern entgegen. Es waren wohl Gefangene, aber sie hatten keine kahlrasierten Schädel mehr, sie sahen sauber und guternährt aus, ganz anders, als damals in OP im Jahre 1948 … Ich war plötzlich schüchtern.

Wir hatten so lange keine Männer gesehen …

»Fräulein Goldacker, nicht wahr?«

»Ja, das bin ich. Aber entschuldigen Sie, ich kenne Sie nicht.«

»Können Sie sich noch an OP im Jahre 1946 erinnern? Sie haben damals in der Waschküche gearbeitet, und eines Sonntags haben Sie mir eine Unterhose gebracht. Sie hatten sie für mich gestohlen. Und vorher haben Sie mir Ihr Gesangbuchblatt mit dem Paul-Gerhardt-Lied gegeben, das Sie aus dem Berliner Gefängnis mitgebracht hatten. Beides hat mir so geholfen …«

»Ja, sicher, jetzt weiß ich wieder, wer Sie sind!«

Wir sahen uns an, lächelten und hatten uns plötzlich nichts mehr zu sagen. Es war der österreichische Baron, der von der Gestapo in Wien verhaftet worden war und den die Sowjets dann »befreit« hatten … Da er noch am Leben war, wurde er von den Sowjets verdächtigt, für die Gestapo auch noch nach Kriegsende zu arbeiten. Ich hatte ähnliche Anschuldigungen von seiten der Sowjets zu hören bekommen. Als ich den Baron in OP kennenlernte, war er mehr tot als lebendig: ausgehungert, halb erfroren, verzweifelt … kein Wunder, daß ich ihn jetzt nicht wiedererkannt hatte.

Ganz kurz nach meiner Heimkehr nach Berlin bin ich nach Wien gefahren, ich mußte meine Freundinnen wiedersehen, und da ich seine Adresse hatte, benutzte ich die Gelegenheit, zu ihm zu gehen. Eine ältere Dame, wahrscheinlich seine Mutter, öffnete mir auf mein Klingeln. Sie ließ mich vor der Tür stehen und bedauerte, daß ihr Sohn nicht zu Hause sei … Mein jüdischer Name, mein norddeutscher Akzent hatten genügt … ich gehörte nicht in ihre Welt.

In diesem Potmaer Lager, dem letzten, war alles anders: Statt der morgendlichen Wassersuppe bekamen wir Kaffee und Marmeladebrote, und dies, wann immer wir wollten. Kein morgendliches Wecken mehr. Wer arbeiten wollte, konnte sich zur Küchenarbeit melden, die einzige Arbeit, die noch verrichtet wurde. Soldaten und Offiziere behandelten uns mit fast freundlicher Höflichkeit. Wohl wurde täglich wie seit zehn Jahren schon gezählt, aber mit welcher Liebenswürdigkeit! Ein Soldat klopfte morgens an die Barackentür, bevor er sie leise öffnete: »Darf ich eintreten?« fragte er, man hätte meinen können, schüchtern.

»Ja, natürlich.«

»Können Sie mir sagen, wie viele hier in der Baracke sind, ich möchte nicht stören.«

»Es ist Ihre und nicht meine Sache zu zählen.«

»Ach, ich werde es lassen, ich will diejenigen, die noch schlafen, nicht durch meine Schritte aufwecken.«

Glaubten sie wirklich, sie könnten mit dieser widerlichen Freundlichkeit zehn Jahre Leid, zehn Jahre Hunger, zehn Jahre Kälte und Zwangsarbeit ungeschehen machen? Haben sie die Totenlegion vergessen?

Es waren herrliche Sommertage! Auf einer kleinen Wiese hinter meiner Baracke konnte ich mich ungestört tagsüber in die Sonne legen. Welch fast vergessener Genuß! Nach dem Abendessen stand uns der Speisesaal für allerlei Veranstaltungen zur Verfügung: fast täglich war Tanz … Wo waren da die zehn Jahre, die hinter uns lagen? Hin und wieder zeigte man uns einen Film, oder wir sangen. Die Männer hatten Fußballmannschaften aufgestellt, wir sahen zu und feuerten die eine oder andere Mannschaft durch unsere Zurufe an. So verging tatsächlich die Zeit des Wartens.

Eines Morgens werde ich zum Lagerchef gerufen:

»Was werden Sie tun, wenn wir Sie doch noch nach Deutschland zurücklassen?«

»Ich werde da anfangen, wo ich aufgehört habe, als Sie mich verhaftet haben: Ich werde meine Lehrerausbildung beendigen.«

»So, so. Dabei sind Sie doch gewohnt, Ihr Geld leicht zu verdienen.«

»Meinen Sie?«

Dieses Frage- und Antwortspiel geht einige Tage später weiter:

»Wer ist außer Ihnen noch in Ihren Prozeß verwickelt?«

»Niemand. Ich bin allein verurteilt worden.«

»Sie scheinen auch noch stolz darauf zu sein.«

Und ob ich stolz war. Wie oft hatten sie mich in Berlin in den nächtlichen Verhören nach Namen von Agenten und Mitarbeitern gefragt! Wie lange hatte ich geschwiegen … bis zu dem Tag, als ich aus dem Karzer kam und ihnen eine ganze Reihe von Namen nennen konnte, Namen von Toten, die ich gekannt hatte und deren Personalbeschreibung mir während der Kreuzverhöre keine Schwierigkeiten bereitete: ich war sicher, mich nicht zu irren.

Ich war stolz, da auf diese Weise niemand durch mich verhaftet worden ist, was, wie ich im Laufe der Gefangenschaft feststellte, durchaus eine Seltenheit war.

Endlich ist es soweit, wir sollen uns zum Abtransport bereithalten. Als eine der ersten stehe ich gleich hinter dem Tor, neben mir Ivans schwarzer Holzkoffer. Das wohlbekannte Ritual beginnt: Ein Offizier, eine große Liste in der Hand, ruft einen Gefangenen nach dem anderen auf, und einzeln gehen sie durch das große Tor. Draußen erwarten sie Soldaten. Am Abend zuvor bin ich nicht aufgerufen worden, mein Name stand auf der Liste. Er hat ihn vielleicht nur ausgelassen, als er die anderen mit »G« beginnenden aufruft. Ich werde zum Schluß drankommen. Er nennt meinen Namen nicht. Sie fahren ohne mich ab ...

Am nächsten Tag werde ich wieder zum Lageroffizier gerufen. Das Verhör geht weiter. Ich hatte schon beim erstenmal verstanden, worum es ihnen geht: Sie hoffen durch diese Verhöre zu erreichen, daß ich mich anbiete, nach meiner Freilassung für sie zu arbeiten. Ich bin durch Zufall, ohne mein Dazutun, eine »Politische« geworden. Und sie denken jetzt zweifellos, aus mir eine wirklich »Politische« zu machen.

Die gleichen Fragen wie schon beim ersten Verhör:

»Was werden Sie in Deutschland tun?«

»Ich habe es Ihnen schon gesagt und wiederhole es nochmals: Ich beginne mein Leben dort, wo ich gezwungen wurde aufzuhören; ich werde mein Lehrerstudium wiederaufnehmen.«

Jedesmal ist es das gleiche Katz-und-Maus-Spiel.

Wieder wird ein Transport zusammengestellt, und wieder bleibe ich allein hinter dem Stacheldraht zurück; vor mir steht mein Holzkoffer. Soja freut sich sichtlich und strahlt übers ganze Gesicht, als sie mich langsam in die Baracke zurückkommen sieht. Sie ist noch nicht aufgerufen worden.

Ich bin aufs äußerste gereizt. Wenn ich wieder aufgerufen werde ... ob ich wirklich fahren werde?

Dann stehen wir eines Tages beide vor dem Tor, Soja, ich und die Männer. Endlich! Wir verlassen Potma … ob es schon nach Deutschland geht? Nein, noch nicht. Aber wir fahren doch wenigstens in einem Zug, in einem Abteil mit anderen Reisenden zusammen, es ist kein Güterzug mehr, kein Viehwaggon.

Unterwegs müssen wir umsteigen. Wir stehen auf dem Bahnsteig eines kleinen Bahnhofs, unsere nagelneuen Wattejacken, die wir extra für den Rücktransport erhalten haben, lässig um die Schultern gehängt. Zögernd nähern sich uns einige Russen – Freie – in der Hoffnung, irgendwelche Tauschgeschäfte mit uns machen zu können. Unsere neuen Wattejacken stechen ihnen in die Augen, dazu noch die neuen Kleider und Anzüge! … Sie hatten uns in Potma Maß genommen und danach die Drillichanzüge und die weiten Sommerkleider aus leichtem, voileähnlichem Stoff angefertigt! Sie werden von unseren Aufsehern weggejagt; einer von uns lenkt die Aufmerksamkeit der Soldaten auf sich, während die anderen die Gelegenheit wahrnehmen und ihre staatseigenen Sachen freien russischen Bürgern verkaufen …

Schließlich kommen wir in Bikowa, in der Nähe von Moskau, an und werden in eine Datscha gebracht, in der angeblich General Paulus gefangengehalten war. Die Zahl der uns ausgehändigten Wattejacken stimmt nicht mehr, aber zwei oder drei sind noch vorhanden, und wir reichen sie uns zum Vorzeigen an der Wache weiter. Die Villa musste sich schon vor einiger Zeit als zu klein erwiesen haben, um alle Gefangenen zu beherbergen. Man hat auf einer Wiese im Garten ein riesiges Zelt aufgeschlagen, und der Villa gegenüber steht eine Baracke, in die Soja und ich einquartiert werden.

Wir waren jetzt freie Gefangene, bekamen gutes Essen, und niemand brauchte mehr zu arbeiten. Ich ging in dem großen

Park spazieren, las oder spielte draußen in der Sonne Schach. Ich merkte, wie wohl mir dieses Nichtstun tat: ich sah rund und braungebrannt aus …

Dann riefen sie mich wieder zum Verhör:

»Was werden Sie in Deutschland machen?«

Die alte Leier …

»Als erstes werde ich erzählen, daß man hier, in dem Land, das den Krieg gewonnen hat, noch zehn Jahre nach Kriegsende keinen Zucker bekommt!«

Am nächsten Tag kamen die Gefangenen, die unsere täglichen Einkäufe in Bikowa erledigten – natürlich in Begleitung eines Zivilisten –, mit Bergen von Zucker zurück!

Dann wurde Soja plötzlich schwerkrank. Sie konnte kaum noch sprechen vor Schwäche. Keiner wußte, was ihr fehlte; kein Arzt war aufzutreiben. Ich saß an ihrem Bett, sie bat mich, mit ihr das Vaterunser zu beten. Ich tat es mit tränenerstickter Stimme. Die ganze Nacht hielt ich ihre Hand. Ihr Atem ging schwer, der Puls war unregelmäßig und immer noch kein Arzt! Wie kann ich ihr nur helfen? Nein, sie soll und darf nicht sterben, so kurz vorm Ziel, das wäre zu ungerecht!

Ich habe eine – wie es mir schien – großartige Idee: Ein Gläschen Kognak wird ihr sicher helfen. Ich öffne unseren gemeinsamen Schrank, um die Flasche zu holen, die wir auf dem kleinen Bahnhof beim Umsteigen gegen unsere Wattejacken eingetauscht hatten und die wir für die große Reise nach Deutschland aufheben wollten … Die Flasche ist da … leer! Nur Soja und ich kannten ihr Versteck. Und ich habe Soja die Hand gehalten, mit ihr gebetet, mich um sie geängstigt, dabei war sie vollkommen betrunken, und ich hatte nichts bemerkt.

Sie hatte früher einmal erzählt, daß sie vor ihrer Verhaftung Alkoholikerin gewesen sei.

Nein, es kann nicht sein: Die Verhöre fangen wieder an!

»Die Amerikaner warten nur auf Sie, um Sie drüben im Westen gleich in Empfang zu nehmen.«

Jetzt werden sie deutlich, ich auch:

»Wenn Sie glauben, daß ich für irgendeine Regierung arbeiten werde, irren Sie sich gewaltig: weder für die deutsche noch für die sowjetische oder die amerikanische, ich habe genug!«

»Wir brauchen Ihre Mitarbeit durchaus nicht«, kam die arrogante Antwort, »wir verfügen über genügend Freiwillige, die sich darum reißen, für uns zu arbeiten ...«

Am nächsten Tag stehe ich mit meinem schwarzen Holzkoffer hinter dem Tor, zur Abfahrt aufgerufen ... Und ich gehe durch das Tor auf die andere Seite ... in die Freiheit ... Hätte ich nur eher den Mut gehabt, meine Meinung zu sagen, ich wäre schon längst in Deutschland! Draußen steht ein Autobus, kein Lastwagen mehr! Wie Touristen fährt man uns durch Moskau und zeigt uns alle Sehenswürdigkeiten ... Welche Mühe sie sich mit uns geben, ganz so, als wollten sie, daß wir bedauern, diese schöne Stadt zu verlassen!

Wir kommen zum Weißrussischen Bahnhof. Kein Soldat in Uniform, der uns begleitet: ein Offizier in Zivil nimmt uns in Empfang. Wir sind eine kleine Gruppe nur, elf Männer, Soja und ich. Eigentlich sehen wir gar nicht mehr wie Gefangene aus! In unserer »Maßkleidung« unterscheiden wir uns nicht von den Menschen, die eilig auf dem Bahnhof hin und her gehen. Auch mein schwarzer Holzkoffer fällt nicht auf: sie haben hier alle solche Gepäckstücke.

Wir halten uns ganz dicht neben unserem Offizier auf und haben Angst, ihn in letzter Minute im Gedränge auf dem Bahnhof zu verlieren. Was wird aus uns ohne ihn? Wir haben weder Papiere noch Geld ... Der Zug ist bereits eingefahren.

Es ist der Blaue Expreß: Moskau–Brest-Litowsk–Berlin. Berlin … Ich kann fast nicht weitergehen, ich sehe immer nur das Wort »Berlin« …

Wir steigen in den Wagen ein, den uns der Offizier durch eine leichte Kopfbewegung diskret gezeigt hat. Soja und ich sind in einem Abteil für uns allein. Ich öffne das Fenster und sehe auf den Bahnsteig. Ein Bahnsteig, wie es ihn auf allen Bahnhöfen gibt. Menschen liegen sich Abschied nehmend in den Armen, küssen sich, andere rennen suchend am Zug entlang.

Sie sehen aus dem Fenster, so wie ich. Wir sind wie sie alle, wie die anderen … fast wie die anderen.

Niemand sieht mir an, daß ich kein Geld und keinen Paß habe. Niemand weiß, daß zehn Jahre Zwangsarbeit hinter mir liegen. Wir sehen aus, wie alle aussehen. Langsam setzt sich der Zug in Bewegung. Ich sehe die große Bahnhofsuhr, es ist 14.23 Uhr. Es ist Mittwoch, der 24. August 1955.

Der Zug fährt immer schneller. Unser Offizier in Zivil zählt uns unauffällig. Dann zeigt er uns, wie wir unsere Sitze in Betten verwandeln können. Später ruft er uns zum Essen in den Speisewagen. Wir essen, triefend vor Schweiß, zum erstenmal seit über zehn Jahren mit Messer und Gabel und genieren uns. Am nächsten Tag gehören wir zu den Menschen dieser Welt …

Diesmal brauchen wir in Brest-Litowsk nicht umzusteigen. Wir haben nur etwas länger Aufenthalt: Man hebt die Waggons und ändert die Spurbreite … Niemand beachtet uns. Der Offizier erledigt die Paßformalitäten, diskret wie bisher. Wir fahren durch Polen.

»Soja, siehst du dort drüben den Apfelbaum? Ein Apfelbaum voller reifer Äpfel …!«

Soja und ich fallen uns in die Arme. Einige der Reisenden,

die wie wir im Gang stehen, sehen uns befremdet an. Der Offizier erscheint und bedeutet uns, in unser Abteil zurückzugehen.

»Soja, du weinst ja …«

»Du hast auch Tränen in den Augen …«

Äpfel … wir hatten in den zehn Jahren vergessen, daß es Äpfel gibt. In der Nacht hält der Zug lange auf freier Strecke. Von weitem sehen wir die Lichter von Warschau …

Um 7 Uhr morgens sind wir in Frankfurt an der Oder. Zwei Volkspolizisten in Uniform erwarten uns bereits. Einer brüllt uns an: »Zu zweit anstellen!«

Wir lachen ihn laut und höhnisch aus. Niemand denkt daran, seinen Befehl zu befolgen. Der russische Offizier, diskret wie während der ganzen Fahrt, wendet sich achselzuckend ab und geht, ohne ein Wort zu sagen.

Wir, ein unordentlicher Haufen, steigen in den Autobus, der uns nach Fürstenwalde in die Treseburger Straße 45 bringt. Noch einmal sind wir in einem Lager. Wie wir schnell feststellen, ist es ein Auffanglager für Flüchtlinge aus dem Westen. Wieder Baracken, immer noch Stacheldraht. Unsere Irrfahrt ist noch nicht zu Ende.

Ein Volkspolizist bringt mich zur Lagerleitung:

»Wohin gehen Sie von hier aus?«

»Nach Westberlin, zu meiner Mutter.«

»Genaue Anschrift, bitte?«

Ich gebe ihm die genaue Adresse meiner Mutter.

»Ihre Mutter wohnt nicht mehr dort. Sie ist inzwischen nach Ostberlin umgezogen.«

Und er nennt mir eine Ostberliner Adresse.

»Unmöglich. Sie hätte mir auf einer ihrer letzten Karten irgend etwas von einem bevorstehenden Umzug angedeutet. Alle ihre Karten kamen aus Westberlin.«

»Zeigen Sie mir eine dieser Karten.«

»Sie wissen ganz genau, daß ich keine Karte habe: Wir durften nichts Geschriebenes aus Rußland mitnehmen: weder Karten, noch Briefe, noch Bücher ...«

»Sieh mal einer an, wie diese Bestimmung Ihnen jetzt zupaß kommt, nicht wahr?«

Ich bitte ihn, nach Berlin zu telefonieren oder meiner Mutter ein Telegramm zu schicken. Ironisch lächelnd antwortet mir dieser Volkspolizist:

»Das ist unmöglich. Sie müssen sich entscheiden, wohin Sie gehen wollen, nach Ostberlin oder nach Westberlin. Ich warne Sie jedoch: Wenn Sie Ihre Mutter nicht mehr in Westberlin antreffen, der Weg zurück nach Ostberlin ist schwierig! Welche Adresse geben Sie also an? Überlegen Sie es sich gut!«

Was gab es denn da noch zu überlegen! Während meiner zehnjährigen Gefangenschaft hatte ich Gelegenheit genug, diese Menschen und ihre Methoden kennenzulernen ... Ich wiederholte die Westberliner Adresse.

Ein Lieferwagen brachte uns Kleider aus einem ostdeutschen Kaufhaus: Röcke, Jacken, Blusen, Anzüge, Schuhe und Strümpfe. Welch unbekannte Eleganz! Wir konnten uns die Sachen aussuchen. Ich wählte eine lose, hellgrüne Jacke und einen schwarzen Wickelrock. Dazu eine weiße Bluse und schwarze Plastikschuhe. Mein Holzkoffer quoll über. Ich mußte ihn mit einem dicken Bindfaden zusammenbinden.

Von der Lagerleitung bekam ich einen Zettel: ein kleines weißes Stückchen Papier mit einem grünen Querstreifen. Es war eine polizeiliche Abmeldung aus Fürstenwalde, Treseburger Straße 45. Kein Wort davon, wo ich die letzten zehn Jahre meines Lebens gearbeitet, gehungert und gelitten hatte. Als wäre nichts geschehen ... Eine Abmeldung ...

Dann gaben sie uns eine Fahrkarte für die Eisenbahn nach Berlin und fünf Mark Ostgeld.

Vier von uns haben sich nach Westberlin gemeldet. Das Tor wird geöffnet, wir gehen unbewacht zum Bahnhof. Zum erstenmal seit zehn Jahren ist niemand vor und niemand hinter uns. Auch daran muß ich mich erst gewöhnen. Im Zug versuchen wir, uns so unauffällig wie möglich zu benehmen. Hier, in Ostdeutschland, fällt mein Holzkoffer auf …

Wir müssen in Erkner umsteigen und mit der Stadtbahn weiterfahren. Der Volkspolizist, der den Bahnsteig bewacht, macht uns Schwierigkeiten, will unsere weißen kleinen Abmeldezettel nicht als Ausweise anerkennen. Die anderen Reisenden zeigen ihre Kennkarten, er läßt sie durch. Schließlich telefoniert ein anderer Volkspolizist, und wir können endlich durch die Sperre.

Durch diesen Aufenthalt verpassen wir den Anschlußzug nach Berlin. Wir haben über eine halbe Stunde Aufenthalt.

Am Kiosk kaufen wir für unser Ostgeld Berliner Pfannkuchen und ein Glas Kognak. Wir sprechen nicht miteinander.

Als der Zug einfährt und schließlich hält, steigen wir sehr schnell ein. Wir haben es plötzlich sehr eilig.

Friedrichshagen–Köpenick–Lichtenberg … wo ich in der Aceta gearbeitet habe, wo ich monatelang im Gefängnis gesessen habe, wo ich verurteilt wurde und von wo aus ich, mehr als zehn Jahre zuvor, nach Rußland verschleppt worden bin.

In Ostkreuz steige ich um, mechanisch, wie ich es früher immer getan hatte. Noch drei Stationen, und ich muß aussteigen und mit der Straßenbahn weiterfahren. Der Zug hält noch. Ein Lautsprecher gibt zweimal hintereinander bekannt, daß wir jetzt Ostberlin verlassen. Ich sehe mich um. Niemand scheint das eben Gesagte zu beachten, niemand beachtet mich und meinen Holzkoffer …

Ich weiß nicht mehr, wie ich auf der nächsten Station ausgestiegen bin. Ich muß mich unten in der Bahnhofshalle an die Wand lehnen, doch es vergeht schnell wieder. Ich muß ja noch mit der Straßenbahn weiter …

Wie soll ich den Fahrschein bezahlen? Ich habe kein Westgeld … Ich wende mich an den Mann im Zeitungskiosk:

»Ich komme eben direkt aus Rußland. Können Sie mir bitte 10 Pfennig für die Straßenbahn geben? Ich bringe sie Ihnen morgen wieder.«

»Daß ich nicht lache! Da kann ja jeder kommen und sagen, er käme direkt aus Rußland: Ich gebe niemandem etwas, ist das klar?«

Das war der Willkommensgruß meiner Heimat.

Gegenüber vom Bahnhof steht ein Polizist. Ich hasse Uniformen … und doch gehe ich auf ihn zu und bitte ihn um 10 Pfennig. Er lacht gutmütig:

»10 Pfennig? Damit kommen Sie heute nirgends mehr hin, vor zehn Jahren, ja, da war das noch möglich, aber jetzt kostet eine Fahrt mindestens dreimal soviel.«

»Schon möglich. Ich bin ja auch über zehn Jahre nicht mehr mit der Straßenbahn gefahren. Ich komme gerade aus Moskau …«

Er mustert mich, bemerkt meinen Holzkoffer und versteht …

»Hören Sie mal, Fräuleinchen, wenn Sie zehn Jahre dort oben gewesen sind, hat man Ihnen sicherlich irgendein Papierchen gegeben, bevor man Sie hierher entließ, stimmt's?«

Ich zeige ihm meinen weißen Zettel mit dem grünen Querstreifen.

»Na, sehen Sie, da haben wir's ja. Diesen Zettel zeigen Sie dem Schaffner in der Straßenbahn, das genügt.«

Ich steige in die nächste Straßenbahn, und mein weißer

Zettel genügt tatsächlich. Ich stelle mich hinten in eine Ecke und drehe mein Gesicht zum Fenster. Keiner sieht meine Tränen.

Dort, wo bei Kriegsende Ruinen waren, hatte man große Häuser gebaut, es sah vieles anders aus … und doch erkannte ich es wieder.

Wie oft hatte ich von diesem Augenblick geträumt, oben im Polarkreis … Wenn ich dann wach wurde, meinte ich, daß dies immer nur ein Traum bliebe … doch das jetzt war kein Traum mehr.

Der Schaffner rief jede Haltestelle aus. Je näher wir unserer Straße kamen, desto steifer wurde ich, wie gelähmt. Und doch bin ich dann ausgestiegen, wie im Traum. Ich ging über die Straße. Es war sehr heiß und der Holzkoffer wurde immer schwerer.

Meine Mutter war 70 Jahre alt. Wird sie den Schock des Wiedersehens aushalten? Als ich ihr zum letzten Mal schreiben konnte – es war aus Bikowa –, schrieb ich ihr, daß sie mich nicht vor Weihnachten erwarten solle, und wir hatten heute Sonnabend, den 27. August 1955.

Ich kam in meine Straße, ohne jemanden zu treffen. Es war Mittagszeit. Keine Ruinen mehr, meine Straße, die so von Bomben zerstört war, ist genau so wieder aufgebaut worden, wie ich sie hundertmal in meinen Träumen gesehen hatte, wie vorher. Ich kann fast nicht mehr weitergehen, und doch gehe ich.

Da bin ich vor unserer kleinen Gartentür, gehe den schmalen Weg auf unser Häuschen zu und sehe meine Mutter. Sie sitzt auf dem Vorplatz unter dem weinberankten Dach, dreht mir den Rücken zu. Ihr gegenüber sitzt ihre Schwester, meine Tante Elisabeth, die sich langsam erhebt und auf mich zukommt.

»Ist das der Briefträger?« fragt meine Mutter und dreht sich nach mir um.

»Emmy!« ist alles, was sie sagen kann. Und dann:

»Komm, wir wollen reingehen, laß dich ansehen, Kind!«

Meine Tante will mir unbedingt etwas zu essen bringen; sie waren gerade beim Nachtisch: Schokoladenpudding mit Vanillesauce. Wie hätte ich essen können … Ich sehe das Gesicht meiner Mutter wie durch einen Schleier … das sind die zehn Jahre zwischen uns.

Gegen fünf Uhr nachmittags war die ganze Familie da. Wir saßen unter dem weinberankten Vordach, und jetzt brachte uns meine Tante zu essen, unentwegt. Sie war den ganzen Nachmittag und Abend damit beschäftigt, uns alle zu versorgen, dabei hätte sie so gern auch, wie alle anderen, bei uns im Garten gesessen. Meine ganze große Familie um mich herum … Wie reich bin ich! Es war Sonnabend, und am Abend läuteten die Glocken.

Am nächsten Tag ging ich in die Kirche. Am Ausgang stand eine Frau, die mich mit ihren großen, leuchtenden Augen ansah, meine Hand ergriff und allen, die es hören wollten oder nicht, zurief: »Hier ist sie, die wir zurückgebetet haben … Zehn Jahre haben wir für ihre Rückkehr gebetet.«

Die erste Woche war schwierig. Ich mußte mich selbst erst finden. Dann mußte ich überall dort, wo meine Mutter mich als vermißt gemeldet hatte, beweisen, daß ich wirklich ich bin. Direkt nach meiner Verhaftung hatte man auch für kurze Zeit – 27 Stunden – meine Mutter inhaftiert und diese Zeit dazu benutzt, unser Britzer Häuschen zu durchsuchen. Dabei hatte man alle meine Papiere verschwinden lassen. Geburtsurkunde, diverse Zeugnisse, nichts war mehr vorhanden, als ich endlich zurückkam. Auf der Polizeistation, unweit der

Schule, aus der ich abgeholt worden war, mußte ich zwei Zeugen bringen, die an Eides Statt erklärten, daß ich tatsächlich Emmy Goldacker sei.

Im Rathaus Neukölln stand ich dann dem Mann gegenüber, der mich denunziert hatte. Er war inzwischen wohlbestallter Beamter geworden. Er hätte mein Mörder sein können. Er wurde dunkelrot, als er mich erkannte.

Ich ließ ihn stehen und wandte mich an seinen Kollegen. In Gedanken sah ich eine Szene vor mir, die ich kurz nach Kriegsende in Britz erlebt hatte: Zwei ehemalige KZ-Häftlinge hängten auf offener Straße eine Frau. Diese hatte sie bei den Nazis denunziert ... Einmal muß ein Ende sein ... Ich lebe ... Genügt das nicht?

In einem anderen Büro des Rathauses bat ich darum, dort wieder anfangen zu können, wo ich durch die Verhaftung gezwungen war aufzuhören. Ich bat um ein Stipendium, um meine unterbrochene Lehrerausbildung fortsetzen zu können.

»Sie sind doch Sekretärin, nicht wahr? Versuchen Sie, Arbeit in Ihrem alten Beruf zu finden. Für Leute wie Sie haben wir keine Stipendien.« Der Willkommensgruß meiner Heimat!

Nach vielen Schwierigkeiten bekam ich endlich Papiere. Nur meine Geburtsurkunde fehlte noch. Ich hatte, da ich im Osten geboren bin, dort gebeten, mir eine Kopie meiner Geburtsurkunde zu schicken. Man schlug mir vom Osten vor, persönlich dorthin zu kommen, um sie mir abzuholen. Natürlich unterließ ich es; ich lebe sehr gut auch ohne Geburtsurkunde.

Meine Mutter begleitete mich am Anfang, ich hatte Angst vor der großen Stadt, Angst vor den Menschen. Oft sah ich immer wieder den gleichen Mann hinter mir. Zu meiner eigenen Beruhigung kaufte ich mir eine Tränengaspistole, die ich immer bei mir trug.

Das »American Research Institute« interessierte sich für mich und die Jahre, die ich in Rußland gelebt hatte ... »Die Sowjets hatten schließlich doch nicht so unrecht«, dachte ich.

Dann kam auch ein Brief aus Ostberlin: Da ich so lange nicht in Berlin gewesen sei, schlug man mir vor, mir Ostberlin zu zeigen, Treffpunkt Café Warschau. Ich habe auf keinen dieser Annäherungsversuche reagiert.

Meine einzige Jugendfreundin lud mich zu sich nach England ein. In der Silvesternacht 1955/56 fuhr ich auf einem Frachtdampfer von Hamburg über die Nordsee nach Hull. Ich benutzte wieder meinen kleinen Lederkoffer, den mir mein Vater 1935 für meine erste Englandreise geschenkt hatte. Nur wenige Passagiere befanden sich an Bord. Ich ging auf Deck. Es war eine stürmische Nacht; der Mond schien und verschwand hin und wieder zwischen Wolkenfetzen; hohe Wellen brachen sich am Bug des Schiffes. Ich war allein auf Deck ... Frei? ... Frei!

Am nächsten Morgen kam ich bei meiner Freundin in Hull an. Später traf ich bei ihrer Mutter eine junge englische Lehrerin, die gerade erst aus Istanbul zurückgekommen war. Ihr Mann, ein rumänischer Journalist, kannte Serge und erzählte mir, daß er seit 1948 verheiratet sei, jetzt in Bukarest lebe ... und für die Sowjets arbeite.

»Ich habe Verbindungen und kann ihm einen Brief zukommen lassen, ohne daß er durch die Zensur geht. Wollen Sie ihm nicht schreiben?«

»Nein«, antwortete ich ihm, ohne zu zögern.

Der Holzkoffer, das Geschenk Iwan Iwanowitschs, blieb im Keller des Britzer Häuschens, und dort sollte er auch bleiben.

Jahre später, als ich ihn aus der Kellerecke hervorholen wollte, fand ich ihn nicht mehr: Er ist von Mitbewohnern des Häuschens, Ostflüchtlingen, die wir aufgenommen hatten, verheizt worden.

Chéserex, den 14. Juli 1979

Epilog

1955 war ich zum erstenmal in meinem Leben in Moskau. Man hatte uns Gefangene mit einem großen Auto nach Moskau gefahren. Eigentlich hätte ich schon längst frei sein sollen, doch damals nahm man das seitens der Regierung nicht so genau. Unser Begleiter, ein Soldat in Zivil, hatte offensichtlich den Auftrag, uns alle Sehenswürdigkeiten von Moskau zu zeigen. Nichts wurde ausgelassen, weder der Rote Platz noch das bekannte Kaufhaus GUM, das wir sogar von innen besichtigten. Ich konnte nicht widerstehen, kaufte mir von meinen im Lager verdienten Rubeln einen Füllfederhalter und schrieb mit kyrillischen Buchstaben meinen Namen, Vor- und Vatersnamen auf die weiße Seite eines Blocks, stolz, so gut russisch schreiben zu können.

1992 war ich zum zweitenmal in Moskau, doch diesmal mit meinem Mann Fred. Noch am ersten Abend fuhren wir von unserem Hotel aus mit der U-Bahn zum Roten Platz. Dort, wo ich 1955 als Gefangene gestanden hatte, stand ich jetzt mit Fred. Ich war wie gelähmt, wagte kaum noch zu atmen, um nicht jäh aus einem Traum zu erwachen. Doch es war wahr, wir standen auf dem Roten Platz. Unvermittelt brach ich in ein lautes, glückliches Lachen aus, und eine tiefe Dankbarkeit erfüllte mich.

Früh am nächsten Morgen flogen wir nach Tomsk, einer bis vor kurzem selbst für Russen nur mit besonderer Genehmigung zugänglichen Stadt. Eine Dampferfahrt auf Tom und Ob brachte uns zu einem auf dem hohen Ufer der Tom gelegenen Dorf. Wir gingen an Land und suchten uns unseren Weg durch das Gestrüpp den steilen Hang hinauf. Der Himmel war wolkenverhangen, und es regnete leise. Was störte mich schon der Regen! Ich atmete die frische Septemberluft und bahnte mir meinen Weg weiter nach oben, dorthin, wo ich die Weite der nordischen Landschaft wiederfinden wollte, diese Weite, die ich so liebe. Eine kleine zerfallende Holzkirche stand am Ende des Weges auf einer Landspitze, und unser Blick verlor sich in der unendlichen Ferne. Ich sah mich wieder bei der Heuernte, damals, als wir nachts mit dem Schleppkahn langsam die Petschora hinauffuhren, um jeweils an einem anderen Platz das spärliche Gras der Tundra zu mähen. Die zehn Jahre, zu denen ich verurteilt worden war, waren fast zu Ende, aber meine Zukunft schien dunkel und ungewiß … Ein Jahr später war ich in Berlin, dann kam ich nach England. Später in die Schweiz, wo ich am Ökumenischen Institut in der Nähe von Genf Arbeit fand.

Ich hatte geheiratet, und jetzt, 1992, nach vielen Jahren eines erfüllten, reichen Lebens, war ich wieder in Rußland, glücklich, diesen Augenblick gemeinsam mit Fred, meinem Mann, zu erleben.

Auf dem Rückweg durch das verlorene Dorf stand eine ältere Frau an ihrem Gartenzaun und sah uns Touristen nach. Ich blieb stehen und wollte ihr ein Stück Seife und eine Tafel Schokolade geben. Sie zögerte, doch dann streckte sie ihre Hand aus und nahm die ihr hingehaltenen Schätze rasch an sich, bedankte sich und sagte: »Warten Sie bitte einen Moment.« Sie verschwand in ihrem Häuschen und kehrte mit einem Bund Karotten und einer kleinen Tüte voller Herbstasternsamen zurück. Ihre strahlenden Augen leuchteten aus dem faltigen Gesicht. So kenne ich Rußland, das ist »mein« Rußland. Wir haben die Herbstastern in unserem kleinen Gärtchen in Cheseaux gesät und auch die Karotten hier zu Hause gegessen.

Schließlich kehrten wir zu unserem Schiff zurück. Während wir oben Kirche und Dorf besichtigt hatten, waren die Leute an Bord fleißig gewesen und hatten ein kaltes Buffet für uns bereitet. Es gab gesalzenen Fisch, Sauerkraut, Tomaten und, welch eine Überraschung, Kaviar und Lachs. Wir tranken Krimsekt und Wodka. Sagte ich nicht schon, das Leben sei schön?

Am Abend versuchten Fred und ich in der Nähe unseres Hotels einen Briefkasten zu finden, während die anderen Reisenden ein Konzert besuchten. Wir fragten eine kleine, ältere Frau nach dem Weg, den sie uns bereitwillig beschrieb. Ich wollte mich bedanken und gab ihr ein Päckchen Nähnadeln, das sie sehr erfreut annahm, jedoch sofort eine Nadel herauszog und jedem von uns in die Hand piekte – sonst, so der Glaube, würde dieses spitze Geschenk ihr und uns Unglück bringen. Und das muß vermieden werden. Unbedingt!

Am nächsten Morgen ging es mit dem Zug weiter nach Omsk. Auf dem Programm standen der Besuch einer Galerie, eines Museums und eine Dampferfahrt auf dem Irtych. Die Schiffsbesatzung empfing uns mit lautstarker, ohrenbetäubender amerikanischer Musik.

So schnell verliert man seine Identität!

Noch eine Nacht in Moskau, dann der Rückflug nach Zürich.

In einem Café des Flughafens zeigte uns ein junger Mann unserer Reisegruppe stolz, was er kurz zuvor auf dem Moskauer Flughafen erworben hatte. Es war ein Reiseführer durch das neue Rußland. »Sie stehen auch drin«, meinte er und zeigte mir die Seite 411 mit dem Literaturhinweis. Er hatte recht.

Zwischen so bekannten Schriftstellern wie Gerd Ruge, Lew Kopelew und Alexander Solschenizyn sehe ich meinen Namen in der Rubrik »Empfehlenswerte Literatur«, daneben der Titel meines Buches: »Der Holzkoffer.« Bis heute weiß ich nicht, wer mich und meinen kleinen »Holzkoffer« so lesenswert fand und dort aufgelistet hat.

2005 waren wir, Fred und ich, in Moskau eingeladen, um die russische Ausgabe des »Holzkoffers« vorzustellen. Ich sollte in Perm, St. Petersburg und Moskau Lesungen halten. Wir wurden fast fürstlich empfangen, es fehlte nur noch der rote Teppich! Wieder umfing uns diese so wohltuende menschliche Wärme und Herzlichkeit. Bei unseren Gastgebern – meiner Übersetzerin Natalia Palagina und ihrem Mann Sascha – erwartete uns ein von Sascha zubereiteter dampfender Borschtsch.

Am nächsten Morgen begann die perfekt organisierte Lesereise. Ich hatte bis dahin keine Ahnung, daß Natalia Palagina nicht nur eine ausgezeichnete Übersetzerin, sondern auch eine effiziente Managerin ist. Dieser Empfang, diese Organisation, welch eine Genugtuung, nein, welch ein Glück: Die ehemalige politische Gefangene 0-320 stellt ihr Buch in Perm vor, jener einst von vielen Gefangenenlagern umgebenen Stadt. Dann ging es weiter nach St. Petersburg und anschließend wieder zurück nach Moskau.

In Moskau fand die Lesung bei MEMORIAL statt. MEMORIAL ist eine Vereinigung, die sich bemüht, ehemalige politische Häftlinge zu finden, zu rehabilitieren und die Angehörigen zu informieren. Einige Minuten vor Beginn der Konferenz wurde ich von einem Mitarbeiter von MEMORIAL angesprochen, er habe mir etwas zu sagen.

»Ja bitte«, antwortete ich und sah auf die Uhr, »ich habe noch zehn Minuten Zeit.«

»Ich war vor einigen Tagen im Moskauer Kriegsgefangenenarchiv und habe zufällig in Ihren Akten drei im August 1955 an Sie adressierte Briefe gefunden. Sie sollten, wenn Sie möchten, ein Gesuch an die Behörde richten und darum bitten, daß uns die Briefe zur Verfügung gestellt werden. Wir werden sie fotokopieren und Ihnen die Fotokopien in die Schweiz senden.«

Drei Briefe, vor fünfzig Jahren, vor einem halben Jahrhundert an mich geschriebene Briefe, ich denke sofort an meine Mutter, verdrücke aufsteigende Tränen und erkläre mich mit dem Vorschlag des Herrn einverstanden. Schon muß ich gehen. Keine Zeit für Emotionen, man wartet bereits. Briefe von meiner Mutter, Briefe aus dem Jenseits, geht es mir durch den Kopf, doch ich muß reden. Es sind offizielle Gäste geladen. Nach Beendigung des Vortrages brachte mir der Herr den inzwischen vorbereiteten Brief an das Moskauer Archiv zum Unterschreiben. Wieder eine Unterschrift in kyrillischer Schrift. Ich las den Brief sorgfältig und unterschrieb ihn.

Die Fotokopien habe ich im November 2005 erhalten. Ein Brief von meiner Mutter, geschrieben am 19. August 1955. Der Brief einer Mutter, die seit zehn Jahren auf meine Heimkehr wartete. Sie ist vor 22 Jahren hier bei uns zu Hause in der Schweiz gestorben. Der zweite Brief ist von Lagerfreundinnen, die mich bedauerten, weil ich meinen 36. Geburtstag allein ohne die alten Freunde feiern mußte. Alle drei leben nicht mehr. Von wem aber ist der geheimnisvolle dritte Brief?

Der Brief ist von mir unterschrieben, der Text jedoch stammt offensichtlich nicht von mir. Adressiert und geschrieben ist der Brief an den Generalsekretär der Kommunistischen Partei, an Herrn Chruschtschow persönlich. Herr Chruschtschow wird von der Inhaftierten Goldacker Emmy Pavlowna höflichst gebeten, doch mit dem nächsten nach Westdeutschland abgehenden Transport, der für den 10.08.1955 vorgesehen ist, repatriiert zu werden, da sie ihre Strafe bereits seit einigen Monaten abgebüßt habe und sie außerdem wisse, daß die Erlaubnis, sie nach Westdeutschland zu entlassen, vorliege. Es ist mir nicht bekannt, daß je ein Inhaftierter so gut informiert gewesen wäre! Schon das allein beweist, daß der am 5. August 1955 geschriebene Text des von mir unterzeichneten Briefes von einem meiner Bewacher verfaßt worden sein muß. Doch wer könnte diesen Brief geschrieben haben? Vielleicht der Begleiter in Zivil, der uns Moskau zeigen sollte und mit dem ich im GUM meinen neuen Füller ausprobierte und dabei meinen Namen in kyrillischer Schrift auf ein Stück Papier schrieb. Es wird immer ein Geheimnis bleiben.

Am letzten Wochenende vor unserem Rückflug nach Genf fuhren wir mit unseren Gastgebern nach Velikij Rostov, einer alten, nördlich von Moskau gelegenen Stadt, um dort ein großes Jubiläum zu feiern: Nataschas und Saschas 50. Geburtstag, den 50. Jahrestag meiner Heimkehr und die Veröffentlichung meines »Holfkoffers« in russischer Sprache. Es war ein großes, russisches Fest … das schönste Fest meines langen Lebens.

Emmy Goldacker
Cheseaux, den 18. Januar 2006

Sandra Kalniete

Mit Ballschuhen im sibirischen Schnee

Die Geschichte meiner Familie

Sehr eindringlich beschreibt Sandra Kalniete das erschütternde Schicksal ihrer Familie, die 1941 von den Sowjets in die Straflager nach Sibirien deportiert wurde und in einem Meer von Eis und Schnee überlebte. Das berührende Zeitzeugnis einer Frau, die als Außenministerin ihr Land ab 2002 in die EU führte.

»Die frühere lettische Außenministerin
hat eine erschütternde Familiengeschichte geschrieben –
und das lückenhafte Geschichtsbild Europas
vervollständigt.«
Tagesspiegel

Knaur Taschenbuch Verlag